정보와 사회

이 도서의 국립중앙도서관 출판예정도서목록(CIP)은
서지정보유통지원시스템 홈페이지(http://seoji.nl.go.kr)와
국가자료공동목록시스템(http://www.nl.go.kr/kolisnet)에서 이용하실 수 있습니다.
CIP제어번호: CIP2018030030(양장), CIP2018030031(반양장)

MIT 지식 스펙트럼

정보와 사회

Information And Society

마이클 버클랜드 지음
박삼주 옮김

Information and Society

by Michael Buckland

Copyright © 2017 by Massachusetts Institute of Technology

All rights reserved.

This Korean edition was published by HanulMPlus Inc. in 2018 by arrangement
with The MIT Press through KCC(Korea Copyright Center Inc.), Seoul.

이 책은 (주)한국저작권센터(KCC)를 통한 저작권자와의 독점계약으로 한울엠플러스(주)에서
출간되었습니다. 저작권법에 의해 보호를 받는 저작물이므로 무단전재와 복제를 금합니다.

차례

우리가 "정보시대information age" 또는 "정보사회information society"에서 살고 있다고 말하는 것은 진부한 이야기겠지만, 그럼에도 모든 발전된 사회의 기능에서 이제 정보가(만약 우리가 구분을 원한다면, 데이터나 지식과 마찬가지로) 중심이라는 점을 부인하는 것은 불가능하다.

일련의 "정보혁명information revolutions"을 거쳐 이러한 상황에 이르렀다고 말하는 게 일반적인데 가장 넓은 의미에서 단어를 사용한다면, 정보혁명에 의한 신기술 덕분에 정보가 기록되고 소통되는 방식이 근본적으로 변했다. 이러한 혁명의 숫자와 본질에 대해서는 평론가마다 의견이 다르지만 전형적으로 쓰기, 인쇄, 대중매체, 디지털 컴퓨터, 인터넷의 도입이 포함된다.

루치아노 플로리디Luciano Floridi는 설득력 있는 분석을 통해 '우리는 "초역사hyperhistory"의 시대에 살고 있고, 이 시대의 개인과 사회의 안녕은 전적으로 정보와 소통의 기술에 달려 있다'

고 주장한다. 플로리디의 견해(Floridi, 2014)에 따르면 우리는 코페르니쿠스Copernicus, 다윈Darwin, 프로이트Freud의 과학 혁명을 뒤따르는 "정보의 전환" 또는 "4차 혁명"을 보고 있는 중이다. 우리는 우리 자신을 정보적 환경인 "인포스피어infosphere"에 내장되어 있는 정보적으로 체화된 유기체인 "인포르그inforgs"로 간주해야만 하는데, 인포스피어에서는 온라인과 오프라인 환경의 경계가 통합된다.

정보가 현대사회에 내장된 중심임을 고려한다면, 다양한 관점에서 수많은 학문을 통해 정보가 학습된다는 점은 놀라운 일이 아닌데, 여기에는 컴퓨터 과학, 언론학, 심리학, 사회학, 수학, 교육학, 경제학, 철학 등이 있다. 이는 단지 의미 있고 소통된다는 뜻에서 정보에 관심을 가지는 학문만 나열한 것이다. 만약 물리학과 생물학처럼 다른 분야의 정보 관념을 포함한다면 목록이 늘어날 것이다(Robinson and Bawden, 2013).

정보를 유일한 관심의 대상으로 하는 학문이 정보과학이다. 이 학문은 20세기에 "문헌화 운동documentation movement"에 대한 관심에서 성장했는데, 모든 종류 문헌의 본질에 대한 이해를 통해 전통적인 목록과 색인이 제공할 수 있는 것보다 훨씬 더 정교한 방법으로 문헌에 접근하는 것을 추구했다(Wright, 2014). 디지털 컴퓨터의 출현은 정보과학에 자극이 되었고, 한편 이 새로운 학문은 여전히 컴퓨터 과학과 구별되지만 또한 중복되었다. 정보과학은 기록된 정보의 조직과 소통의 모든 양상, 정보를 활용하기 위해 필요한 정보와 디지털의 가독성, 관련된 윤리적 쟁점에 관심을 가진다. 정보과학의 통찰은 극적으로 변화하는 인포스피어의 발전에 결정적으로 관련되어 있다.

정보과학의 기초를 정립한 몇몇 괜찮은 글이 있는데, 필자도 그중 한 편(Bawden and Robinson, 2012)의 공동 저자이다. 그렇지만 그런 글은 전형적으로 내부용이다. 즉, 해당 분야의 교수, 학생, 전문가를 위한 것이다. 만약 나처럼 정보과학이 더욱 광범위한 맥락에서 제공할 수 있는 통찰을 많이 지니고 있다고 믿는다면, 특별히 더 넓은 층의 독자를 대상으로 하는 책이 필요하다. 마이클 버클랜드의 이 책은 이러한 종류의 첫 번째 시도다. 이 책의 인상적인 특징은 광범위한 자료가 명료하고 간결하게 함께 다루어진 방식에 있다. 정보과학의 "전통적인 관심"에는 특히, 정보의 원천이 서술되고 조직되고 검색되는 방법, 개인과 집단이 정보를 가지고 행동하는 방식이 있는데, 이 책의 저자가 이러한 전통적인 관심과 기록된 정보가 소통되는 통로인 문헌의 본질에 관한 생각을 통합하는 것을 보는 것은 즐거운 일이다. 네트워크화한 디지털 환경에서 부상한 문헌의 새로운 형태는 문헌의 본질에 관한 새로운 관심으로 이어졌다. 이러한 개념적인 분석은 새로운 기술적 발달보다는 작은 요소이지만, 정보의 효과적인 소통과 적절한 활용을 확실하게 만드는 데 마찬가지로 가치 있는 일이다. '광범위하고 종합적인 연구 분야인 정보과학'이라는 마이클 버클랜드의 전망에 갈채를 보낸다. 오직 그러한 종합적인 접근을 통해서만 정보가 사회의 중심 무대를 차지할 때 나타나는 쟁점에 정당성을 부여할 수 있다.

저자 마이클 버클랜드는 그의 해석이 다른 많은 사람의 결실에서 추출한 것으로 독창적인 것은 거의 없다고 겸손하게 쓰고 있다. 이 책에 제시된 자료가 대부분 이전에 어떤 형태로든 공표되었다는 의미에서 그 말이 맞을지도 모르지만, 한편으로는 비전문가인 독자를 위해 자료가 선택되고 조직되고 제시되는 방식에 커다란 독창성이 있다고 생각한다. 이 점은 크게 인정받을 만한 일이며, 이 책은 광범위하게 읽힐 만한 가치가 있다. 이 책의 성공은, 이 책이 정보과학에 대한 통찰과 문헌화 운동을 더 광범위한 독자에게 제시하는 후속 발간물의 첫 번째가 될 수 있느냐의 여부로 측정될 것이다. 인포스피어가 발달하고 번창하려면 이러한 전망을 제시해주는 책이 절실히 필요하기 때문에 실제로 그렇게 되기를 희망해야 한다.

런던 시티대학교 정보과학센터
데이비드 보덴David Bawden

참고문헌

Bawden, David and Lyn Robinson. 2012. *Introduction to information science*. London: Facet.

Floridi, Luciano. 2014. *The fourth revolution: How the infosphere is reshaping human reality*. Oxford: Oxford University Press.

Robinson, Lyn and David Bawden. 2013. Mind the gap: Transitions between concepts of information in varied domains. Fidelia Ibekwe-SanJuan and Thomas Dousa(ed.). In *Theories of information, communication and knowledge: A multidisciplinary approach*. Berlin: Springer, pp.121~141.

Wright, Alex. 2014. *Cataloging the world: Paul Otlet and the birth of the information age*. New York: Oxford University Press.

서문

우리는 지금 정보사회에 살고 있고, 또 그렇다고 듣고 있으며,
이는 굉장히 중요한 발전으로 간주된다. 그렇지만 정보사회는
무엇을 의미하는가? 그리고 그 결과는 무엇인가? 질문에 대한
대답으로 정보와 사회가 관련되는 방식을, 그리고 늘어가기만
하는 여러 종류의 문헌과 데이터의 어마어마한 증가에 대한 의
존을 짧고 격식에 얽매이지 않게 소개한다.

정보라는 단어는 보통의, 일상적인 개념으로 사용된다. 법
학, 통계학, 열역학, 암호학, 기타 영역의 특수한 용어 개념에
대해서는 접어두기로 한다. 이 책이 관심을 두는 영역은 우리
의 지식에 영향을 미치는 정보, 특히 일상생활에서의 소통과
기록된 정보의 역할, 그리고 정보가 어떻게 발견되는지에 대해
서이다. 그러므로 우리는 믿음, 사회적인 의제, 과학기술의 변
화에 관심이 있다. 이는 간단하고 형식적인 설명으로는 이해하
기 복잡한 분야이다. 후술하겠지만 여기에는 개념적이며 이론

적인 어려움이 해결되지 않은 채로 남아 있다. 이 책의 목적은 다른 많은 사람의 결실에서 추출한 내용을 서술적으로 소개하는 것이고, 여기에 독창적인 것은 거의 없다. 기초적인 입문서이기 때문에 다른 학술적인 저작에서 보통 발견되는 상세한 인용은 제공하지 않는다. 그렇지만 본문의 대부분은 이 책의 마지막에 있는 '더 읽을거리'에서 찾을 수 있는 이전 출판물에서 조정된 것이고, 거기에 몇몇 추가적인 출처 또한 제시해놓았다.

웨인 드 프레머리Wayne de Fremery의 정보 이론에 관한 통찰, 주블린의 편지Zublin's letter에 관한 웨인 하이저Wayne Heiser의 도움, 리사 뵈르제슨Lisa Börjesson, 콜린 버크Colin B. Burke, 비비안 페트라스Vivien Petras, 린 "데이비드" 왕Lin "David" Wang의 초고에 대한 유용한 언급에 감사드린다.

들어가며

❖

정보라는 단어는 여러 다른 의미로 사용되어왔다. 이 책은 사회와 일상적인 인간 경험에서의 정보에 관심을 가진다. 그래서 이것을 실질적realistic 정보과학으로 부르며 암호해독, 신호 시스템, 열역학, 기타 분야의 형식적formal 정보과학처럼 통계적이고 기술적인 분석에 관련된 학문과 구분한다. 정보라는 단어를 인간의 지식이나 일상적인 경험과 무관하게 전문적·기술적으로 사용하는 것은 이 책의 범위 밖이다. 사회통제에서 강력한 역할을 하는 상당히 복잡한 문헌인 여권의 사례를 고려해보면 범위를 분명하게 알 수 있다.

이 책은 인간의 지각, 사회적 행동, 변화하는 과학기술, 신뢰의 문제에 관심을 가진다. 따라서 이 책에서 검토하는 것이 종종 복잡하고 어수선하거나 또는 불분명할 것이고, 그렇기 때문에 간단하고 만족스러운 과학적인 분석에 장애가 될 것이다.

분업의 진전으로 정보의 중요성도 커졌는데, 분업은 수렵과 채집에서 점점 더 복잡한 사회로의 이전을 특징짓는다. 우리는 갈수록 더 많이 다른 사람에게 의존하는데, 이는 협력과 소통을 요구하며, 실질적으로는 정보에 의존한다는 것을 의미한다. 다른 많은 사람이 자신이 원하는 방식으로 우리의 믿음과 행동을 만들어내기 위해 다른 형태의 정보를 사용해 그들 의제의 발전을 추구하고 있기 때문에 이는 단순하거나 중립적인 상황은 아니다.

정보

정보라는 단어의 사용은 20세기 동안 크게 증가해 여러 다른 의미로 발전되었다. 정보사회라는 말에서 보듯, 정착된 용어의 부재와 비유적인 사용으로 인해 토론이 어려워졌다. 의미에 관한 합의의 결여로 이 단어는 구호와 열정적인 은유에 적절한 것이 되었다. 정확하고 분명한 것을 원하는 사람은 누구나 사용된 특정한 의미에 대해 선언하거나 또는 더 나아가 (데이터, 기록, 문헌, 전해진 지식처럼) 몇 가지 다른 더욱 정확한 단어나 구절을 사용한다. 왜냐하면 정보라는 단어의 주요한 의미 각각을 대신할 적절하고 더 전문적인 단어가 있기 때문이다.

　단어는 창조적인 방법으로 사용되고 다른 맥락에서는 사용되는 방법도 달라진다. 여러 단어가 동일한 사물을 나타내는 데 사용될 수 있고, 다른 한편으로 개별 단어는 보통 의미가

66

우리는 갈수록 더 많이

다른 사람에게 의존하는데,

이는 협력과 소통을 요구하며,

실질적으로는,

정보에 의존한다는 것을

의미한다.

99

모호해서 여러 다른 사물을 가리키는 데 사용되기도 한다. "-ation으로 끝나는 영어 단어는 보통 의미가 불분명하며 과정, 사건, 대상, 결과를 다양하게 표현한다(예컨대 communication과 regulation을 생각해보라). 문자열 "i n f o r m a t i o n"은 다양한 사물을 나타내는 데 사용되어왔다. 따라서 "정보는 … 이다 Information is …"라는 형태의 어떤 간단한 주장도, 다양한 정보의 의미 가운데 무엇을 염두에 둔 것인지 분명하게 하지 않으면, 거의 그 의미를 갖지 못하거나 혼란을 조장하게 될 것이다.

정보라는 단어는 20세기 중반에 통신 방법 또는 유사한 신호 시스템의 신뢰성 계산을 위한 기술적인 용어(정보 이론에서 잘 알려졌듯이)로서 채택되었다. 이러한 용도로 인해 정보라는 단어는 논리, 확률, 계산의 일련의 발전에 연계되었는데, 이는 특히 암호해독, 전자공학, 열역학 같은 몇몇 중요한 영역에서 결실을 맺은 것으로 증명되었다. 이러한 발전 과정에서 보통 정보는 사실이고 지식도 사실이며 양자의 차이는 미미해질 수 있다고 가정된다. 그러나 정보의 진실 가치에 관한 이러한 중요한 기술적인 발전과 전제는 사람들의 일상적인 경험과 거의 겹치지 않는다. 그래서 정보과학이라는 명칭을 사용하는 두 연구 분야가 동일한 명칭을 사용한다는 측면을 제외하면 공통점이 거의 없다는 점을 인식하는 것이 중요하다. 각각은 서로 제한된 관심 또는 연계를 가질 뿐이다.

이것은 텍스트text 고찰에 관심을 가지는 인문학 분야인 문헌학philology에 비유할 수 있다. 문헌학은 하부비평lower criticism이라 일컫는 텍스트 자체에 대한 고찰과 고등비평higher criticism이라 일컫는 실질적·사회역사적 맥락에 대한 고찰로 나뉜다. 비유적으로 하부 정보과학lower information science과 고등 정보과학higher information, 또는 더 외교적으로 정보 연구를 위한 형식적formal 접근 방법과 실질적realistic 접근 방법으로 구분 지을 수도 있을 것이다.

이 책은 일상적인 인간 경험에 관련된 정보라는 점에서 우리 생활의 메시지, 기록, 문헌, 인식에 관한 복잡한 다양성에 관심을 가진다. 또한 가장 적절한 정보의 의미와 발견에 연계된 어려움, 자료와 문헌을 신뢰해야 할 필요에 관심을 가진다. 그렇다면 이는 위에서 묘사되고 다른 데에서 의논된 형식적인 정보과학에 대한 소개가 아니라 문화적인 맥락에서 "고차원적"이거나 실질적인 정보과학에 대한 소개가 될 것이다.

우리는 몸짓이나 언어, 물질적인 대상을 통해 소통하기 때문에 전통적으로 문헌이라 부르는 것에 대한 연구에 더 많은 것을 포함할 필요가 있다. 이 책의 중심 주제는 현대사회에서 사람 사이의 관계가 메시지, 기록, 기타 형태의 문헌에 의해 점점 간접적이 되고 있다는 것이다. 이후부터 정보라는 단어는 보통의, 일상적인 측면에서 관련된 두 가지 의미를 내포한다. 즉,

(1) 우리가 몸짓, 텍스트, 기타 사물을 통해 나타내는 것, (2) 소통의 물질적인 형태 — 비트bits, 책, 그 밖에 다른 종류의 물리적인 메시지와 기록. 이에 대해 한 가지 사례를 통해 살펴보기로 하자.

나의 여권

내 여권은 나보다 더 강력한데, 나는 여권 없이 국경을 통과할 수 없지만 나의 여권은 나 없이도 국경을 통과할 수 있다. 이 작은 인쇄물은 언뜻 보기에 전통적인 매체의 고정적인 성질을 나타내는 훌륭한 사례인 것 같다. 그러나 그 내부는 상당히 복잡하다. 여권에는 다양한 그리고 자주 변하는 요소가 있다. 거기에는 내 사진과 자필 서명이 있다. 앞표지에는 광학문자 식별을 위한 표시가 있고 뒤표지에는 바코드가 있는데, 이를 통해 여권은 컴퓨터가 읽을 수 있는 디지털 문헌이 된다. 국경 담당자가 여행을 기록하고 날인한 표시로 여권의 면이 다 채워지면, 더 사용할 수 있도록 면이 추가된다. 여권에는 부수적인 서류가 삽입되어왔다. 중국, 러시아, 베트남 정부는 그들에게는 수입이 되고 내게는 허가를 의미하는 정교한 사증visa을 발행했다. 히스로 공항에서는 생체보안부호가 삽입되고 약간 작은 보안 딱지가 뒤표지에 부착되었다. 최근에 발행되는 여권에는 이름, 국적, 성별, 생년월일, 출생지, 사진을 전송할 수 있는 칩이 포함되기도 한다.

내 수명에 기한이 있듯 나의 여권에도 만기가 있다. 내 여권의 만기는, 내 수명과 달리 정확하게 알려져 있고 갱신 목적으로 약간의 수수료만 내면 쉽게 연장된다. 그래서 여권의 일부분은 변경을 방지하기 위해 신중하게 고안되었겠지만, 특히 전자 형식의 여권은 다른 다양한 형태의 정보처럼 물리적으로 역동적이다. 심지어 종이 위에 쓴 것, 즉 가장 전통적인 문헌도 하나의 기술이다. 기술은 이제 갈수록 더 전자적인 것(소위 정보기술)이 되어서 마치 펜과 종이는 정보기술이 아닌 것 같다.

실제로 국경을 통과하거나 비행기에 탑승하도록 허가하는 것은 여권 자체가 아니라 규제를 집행하는 담당자라는 점을 기억하면 여권의 사회적인 성질이 분명해진다. 여권이 있건 없건 간에 물리적인 장벽이 없는 멀리 떨어진 구역을 통해 국경을 통과할 수도 있을 것인데, 이는 아마 불법이겠지만 가능한 일이다. 만약 국경이 잘 방어되지 않는다면, 심지어 무심코 국경을 통과할 수도 있을 것이다. 그래서 여권의 힘은 단순히 문헌 자체에서 오는 것이 아니고, 어느 정도 강제적인 사회적 규제에서 오는 것인데 규제를 바탕으로 복잡한 일련의 관료적인 시스템에 내장된 통제 시스템 안에서 여권이 증명 수단으로 사용된다.

엄밀히 말하면 개별 정부는 다른 나라의 국경이 아니라 오직 자국 국경만을 통제할 수 있지만(또는 통제를 시도하지만) 여권의 유효성 수용은 요청과 동의를 통해 국제적으로 확장된다. 필자는 한때 19세기 제국주의 권력을 연상시키는 문구가 우아하게 새겨진 페이지가 인상적인 영국 여권을 가지고 다녔다. 여권에는 "대영제국 여왕 폐하의 국무상은 여왕 폐하의 이름으로 관계자 여러분께 이 여권 소지인이 아무 방해 없이 통행할 수 있도록 허용하고 필요한 지원과 보호를 제공해줄 것을 요청하고 요구합니다"라고 적혀 있었다.

여권에는 인지적인 측면도 있다. 담당자는 여권이 요건에 만족하는지 조사하기 위해 제대로 되어 있는지, 진술과 사진으로 판단할 때 다른 사람의 것이 아니고 실제로 내 것이 맞는지, 그리고 만기가 지나지 않았는지를 확인한다. 위조 여권이어도 제대로 된 것으로 여겨지고 소지인의 것으로 보인다면 인정될 것이고 소지인은 통행을 허가받을 것이다. 여권은 진실이 아니라 신뢰를 바탕으로 기능한다.

정상적인 여권으로 보이기만 한다면 위조되거나 변경된 여권도 신뢰를 받을 수 있다. 이 때문에 유효한 여권을 받을 자격이 없는 사람들이나 어떤 이유로 위조 신분을 사용해 여행하려고 하는 사람들에게는 위조 여권도 가치가 있다. 1994년에 외국에서 여권을 도난당했을 때 그 나라의 미국 대사관에서 오직

1년만 더 유효하다는 표시가 선명하게 새겨진 대체 여권을 발행해주었다. 대체 여권은 나중에 9년이 추가되어 갱신되었지만, 갱신 문구는 뒤표지 안에 있어 잘 보이지 않았다. 그래서 갱신된 여권은 9년 동안 언뜻 보기에는 기한이 지난 것으로 보였다. 대부분의 담당자는 원래의 만기를 알아보고 갱신의 증거를 찾았지만, 상당수는 만기를 알아차리지 못했다. 왜냐하면 그들은 여행자라면 당연히 만기가 지나지 않은 여권을 가지고 다닐 것이라는 생각으로 여권이 분명하게 만기가 지났다는 것을 알아볼 정도로 신중하게 조사하지 않았기 때문이다.

이제 국경 담당자는 원격으로 연결된 기계에 검증을 위임하게 되었는데 기계는 보통 기계-판독용 여권 부호를 판독 장치로 읽는 방식으로 여권의 부호와 이미 저장된 기록을 비교한다. 달리 말하면, 국경을 수호하는 역할은 기계-판독용 부호, 판독 장치, 부호화한 증거에 대응하도록 설계된 어딘가에 있는 기계에 부분적으로 위임된 것이다. 인간 담당자에게는 오직 여권의 사진과 소지자가 충분하게 닮았는지를 살펴볼 필요만 남아 있을 뿐이다. 생체측정 기술이 시각적인 업무를 위임받을 수 있을 정도로 발전되었기 때문에 마치 식료품 상점이나 도서관에서 무인 결제를 실험해온 것과 마찬가지로, 인간 담당자의 어떤 직접적인 행위 없이도 운영되는 여권 통제소를 상상하는 것이 어렵지 않다.

여권은 한 개인의 신원과 시민권에 대한 직접적인 지식의 대체물로서 제공된 증거다. 여권의 사용은 군사력에 의해 뒷받침된 사회적인 규제에 의존하며, 인지적인 활동에도 의존한다. 즉, 담당자가 여권을 읽어야 하고, 그것이 유효하며 정당한 소지자에 의해 사용되고 있다고 신뢰해야 한다. 마지막으로, 기계-판독용 부호는 여권을 복잡한 일련의 시스템에 연계된 기계의 한 조각으로 만든다.

이 작은 인쇄물은 복잡하고 역동적이며 활자, 필사, 기계-판독용 문자를 가진 멀티미디어 장치다. 여권은 부적절한 변경은 방지하되, 승인된 방법으로는 바꿀 수 있도록 신중하게 디자인되었다. 여권은 사적인 여행을 통제하는 데 사용되는 도구로서 의미 있는 사회적인 역할을 하며, 다른 용도로도 사용되는데 예를 들어 비행기에 탑승하거나 은행 거래를 할 때처럼 개인의 신원이 필요할 때 광범위하게 사용된다. 여권은 다양한 물리적인 특색, 신뢰를 위한 인지적인 지각, 사회적인 통제를 위한 도구로서의 사용이 결합되어 풍부함을 갖춘 사례가 되었다. 필자의 여권과 같은 현대적인 여권은 한 세기 전에 사용되기 시작했는데 역할과 복잡성, 강력한 지원성으로 인해 당대의 적절한 상징이 되었다.

분업과 알아야 할 필요

인간이 문헌에 의존하는 방향으로 전환한 데는 오래된 역사가 있다. 문화는 수렵과 채집에서 농업, 제조업, 복잡한 서비스업으로 발전했다. 이러한 발전의 공통 주제는 분업 그리고 사람과 제도의 증가된 상호 의존성이다. 개인으로서 곡물을 재배하고, 자신이 먹을 동물을 도축하고, 우유를 직접 짜고, 커피콩을 재배하는 사람은 거의 없다. 이와 유사하게 스스로 사용하는 기술을 만들거나, 거주하는 건물을 건축하거나, 의존하는 에너지 자원을 생성하지는 않는다. 그 대신 다른 사람들에게 의존한다.

분업으로 인해 기술의 전문화와 규모의 경제가 이루어져 효율성이 증대됨에 따라 생활수준은 향상되었지만, 결과적으로 여러 측면에서 서로에게 훨씬 더 많이 의존하게 되었다. 우리는 점점 더 많이 다른 사람, 과학기술, 이러한 상호 의존을 가능하게 한 교통, 금융서비스, 법규 등의 사회 기반에 의존하게 되었다. 반면에 다른 사람들은 우리에게 의존한다.

상품과 서비스의 교환을 위해 시장이 필요하고, 시장은 어떤 선택이 어떤 조건으로 가능한지를 아는 것에 의존한다. 시장은 정보 시스템이다. 판매자와 구매자가 더 좋은 정보를 가지면 가질수록 시장은 더욱 완전해진다고 한다. 가끔은 시장과 이러한 상호 의존성이 소통과 문헌화를 요구한다고도 한다. 상품과 서비스를 (스스로 제공하는 대신에) 구매하려 한다면, 우리가 원하는 것을 누가 제공하는지, 얼마를 지불할 필요가 있는지, 제시된 것은 우리가 생각한 것이 맞는지를 알 필요가 있다. 물론 직접 물어볼 수 있지만, 우리는 (그리고 우리가 묻는 누구나) 대체로 문헌에 의존한다. 즉, 가격 목록, 내용 서술, 보증, 이용 가능성, 제한 등에 의존한다. 우리는 알고 싶은 모든 것에 대해 스스로 전적으로는 확신할 수 없기 때문에 다른 사람들이 말하는 것에 의지할 수밖에 없고, 그래서 누구를, 그리고 무엇을 믿어야 할지 결정해야만 한다. 이러한 상황에서 믿는 것과 아는 것 사이에 구분을 짓는 일은 비현실적이다. 어떤 믿음에 대해 확신하면 확신할수록 우리는 더욱더 그 믿음을 지식으로 고려하게 될 것이다.

다른 사람의 지식("간접적인 지식")에 대한 의존이 증가하는 것에는 두 가지 측면이 있다. 다른 사람에게 더욱 의존하게 만드는 분업이 갈수록 증가한다는 점과 상호 의존에 필요한 조정을 위해 소통(대체로 문헌)에 대한 의존이 갈수록 증가한다는 것이다.

문화와 사회는 소통과 협력을 통해 발전한다. 그러나 점점 사람들 간의 직접 소통은 어려워졌다. 우리가 할 수 있는 최선은 다른 사람이 말하고, 쓰고, 행한 것을 기록한 문헌을 사용하는 것이다. 다른 사람들의 업적과 생각은 마치 과학기술에 의해 이전 발명가의 작업이 통합되는 것처럼, 그들에 의해 그리고 그들에 관해 문헌으로 통합된다. 이러한 방식으로 보면, 문헌은 복잡한 사회가 기능할 수 있도록 만드는 연결 요소가 되었다고 할 수 있다. 문헌은 점차 다른 사람과의 관계를 추적하고, 거기에 영향을 미치며, 그것을 협의하는 수단이 되어왔다.

타인의 의제

형태가 달라지는 문헌과 그 문헌을 사용하는 다양한 동기는 1856년 5월 루엘린 주블린Llewellyn Zublin이 샌프란시스코 거리에서 발생한 한 신문기자의 극적인 피살에 대해 아이오와의 아들에게 쓴 편지에 반영되어 있다. 그 편지는 한 중개상의 손에 들어갔고 그는 버클리의 밴크로프트 도서관에 캘리포니아의 역사 연구를 지원하는 장서藏書로 팔았다. 2000년, 이 편지는 복사기로 복사되고, 컴퓨터에 입력되어 인쇄물로 출력되었는데 그 인쇄물은 핸드프레스 인쇄에 관한 수업에서 사본으로 사용되었다. 학생들은 편지를 소책자로 재생산했다. 밴크로프트 도서관이 잠재적인 모금에 사용하기 위해 이 우아한 소책자의 추가 복사본 가운데 일부를 보유했다. 2001년 한 학생이 문헌 이

문헌은

점차 다른 사람과의 관계를 추적하고,

거기에 영향을 미치며,

그것을 협의하는 수단이 되어왔다.

론에 관한 세미나 과제를 위해 계승된 형태라는 측면에서 이 텍스트의 역사를 재구성했다. 이제 그것을 텍스트와 텍스트를 보유한 문헌의 구분을 보여주는 상당히 다양한 형태(수기, 편지, 복사기에 의한 복사, 디지털 파일, 컴퓨터 인쇄물, 핸드프레스 인쇄)의 문헌을 포함하는 하나의 사례로 사용한다. 그것은 또한 가족의 친밀함, 상업, 역사연구 지원, 기술 훈련, 도서관의 모금, 교육적인 신뢰 획득, 학술적인 이론화와 같은 매우 다양한 동기를 반영한다.

자신의 필요뿐만 아니라 타인의 의제도 사회에서 정보가 차지하는 역할을 이해하는 데 관심을 갖게 만든다. 쉽게 찾아볼 수 있는 사례는 다음과 같다.

- 학교는 수업을 이끌고, 교사에게 지침을 주는 교과서를 사용한다.
- 종교는 특정한 믿음과 복종을 고양하기 위해 종교적인 텍스트를 사용한다.
- 화가는 우리를 즐겁게 하고 자극하기 위해 이미지를 생성한다.
- 상인은 구매에 영향을 미치기 위해 광고에 크게 투자한다.
- 정치인은 캠페인에 대한 지지와 표를 구하기 위해 선언한다.

- 연예인은 다양한 매체를 사용해 우리를 즐겁게 만들고 우리로부터 소득을 창출한다.
- 개인은 소통하고 주의를 끌기 위해 메시지를 사용한다.
- 박물관은 과거를 설명하기 위해 선택적으로 유물을 전시하고 해석한다.
- 대중매체는 우리를 즐겁게 하고, 우리에게 영향을 미치고 광고주를 만족시키기 위해 끊임없이 프로그램을 전송한다.
- 도서관은 독서를 촉진하기 위해 선택적으로 수집한 문헌을 이용할 수 있도록 한다.
- 사회적 매체social media는 의견이 매우 신속하게 전파되도록 만든다.
- 기록 장치는 우리의 구매, 이동, 행동을 추적하는 데 사용된다.

이 목록은 무한정 확대될 수 있다. 목록이 쌓여감에 따라 우리 삶이 더욱더 많이 포함되는 것을 보게 된다. 행동에 영향을 미치고 문화를 형성하는 데 사용되는 메시지와 기록, 문헌에 침투된 우리 삶의 축적된 증거에 비하면 사례의 선택은 덜 중요한 일이다.

정보사회

"정보사회"가 특별하거나 놀랍다고 말하는 어떤 주장도, 다소 주목할 만한 차이가 있는 일부 "비非정보사회"와의 대조를 암시한다. 모든 집단과 집단이 확대된 모든 사회는 공유하는 활동과 협업, 소통을 통해 사회의 집합된 특성을 발전시키기 때문에 "비정보사회"는 용어 자체가 모순을 안고 있다.

중세 사람들이 현대인보다 말수가 적지는 않았을 것이다. 가장 발전된 사회와 덜 발전된 사회의 의미 있는 차이는 정보 자체가 더 중요해졌다기보다는 더 광범위한 정보의 사용이 정보사회라는 단어로 표현되는 발전의 특정한 양상이 되었다는 점이다. 이러한 측면은 여권과 앞에서 제시한 목록의 사례를 통해 설명된다. 여권은 구술의 형태가 아닌 정보, 즉 문헌이다. 우리는 행위 그 자체가 대부분 새롭지는 않더라도 과학기술의 변화로 인해 행위의 증가가 크게 촉진되었다는 것을 알 수 있다. 진짜 변화는 기록의 부상이다. 문헌사회의 출현이라고 말하는 것이 더욱 적절할 것 같다.

진실, 신뢰, 믿음

전통적·학술적 견해에 따르면 지식knowledge은 정당한 진짜 믿음justified true belief이고, 따라서 지식으로 이끄는 정보는 정의에 따라 진실임에 틀림없으며, 지식은 일련의 명제로 구성된다(또는 구성될 수도 있다). 그렇지만 이것은, 지식이 믿음이라는 이해를 제외하면 심지어 분석철학의 세계에서도 문제가 되고 있다. 일상생활의 모든 정보가 정의에 따라 진실이라고 추정하는 것은 상식과 개인적인 경험의 관점에서 보면 어떤 근거도 없다. 어떤 진술이 사실인지 알고 싶어 할 수 있고 의심하는 게 당연하지만 실제로는 증거, 전문가, 현명한 사람, 친구를 믿는 것으로 끝낸다. 믿음이 없다면 우리는 마비될 것이다. 문헌과 우리의 관계는 믿음에 근거하고 있는데, 소통이 덜 직접적일수록 믿음은 더 문제가 될 뿐만 아니라 더 필요해지기도 한다.

물리적인 우주의 유형을 "정보"에 적용하는 것은 불필요하거나 비유적인 것으로 보인다. 우주의 특성(모양, 형태, 유형, 물리적인 과정 등등)은 우주 그 자체이므로 여기에 진실의 문제는 일어나지 않는다. 모든 물리적 차이를 정보라고 부르는 것은 도움이 되지 않고 오히려 더욱 혼란만 초래하는 것 같다.

이 책의 구조

우리는 공학의 형식적인 분석에 관련된 정보보다는 실제로 문헌과 데이터에 접촉하는 일상생활의 정보에 더 관심이 있다는 점을 강조하면서 시작했다. 정보라는 단어의 사용에 대해 약간 조심스러운 언급을 하고 난 후에 사회의 분업을 가능하게 하고 많은 다양한 의제를 진전시키는 문헌의 만연한 역할 모두를 여권과 수기 편지가 어떻게 드러내는지 고려했다.

이어지는 장에서는 정보에 대처하는 방법에 관한 분석뿐만 아니라 여러 종류의 데이터, 문헌, 기록의 범람과 그 사용 방식에 대해서도 주목한다. 2장 '문헌과 증거'에서는 정보라는 단어의 서로 다른 의미를 검토하고, 문헌과 데이터의 극적인 장기적 성장("정보 폭발")을 개괄하며 조직, 발견, 이용을 다루는 기술과 계획의 부상에 주목한다. 3장 '개인과 공동체'에서는 개인이 정보와 관련해서 무엇을 하는지, 공동체는 무엇을 알고 있는지, 문화의 중심적인 역할은 무엇인지, 정보에는 어떻게 항상 물리적·정신적·사회적 측면이 있는지 탐구한다. 4장 '조직하기: 배치와 서술'은 수집된 정보가 배치·서술되어 필요할 때 사본을 식별하고 발견할 수 있도록 해주는 방법의 개요이다. 5장 '명명하기'에서는 서술의 본질과 복잡함에 대해 고려한다. 6장 '메타데이터'에서는 문헌에 대한 서술(메타데이터로도 알려져 있다)의 방법이 두 가지 목적으로 사용된다는 점을 논의하는데, 문헌을 특징짓는 것과 색인을 통해 우리가 원하는 바를 찾는 것이다. 7장 '발견과 선택'에서는 알고 있는 문헌을 찾고 이전에는 알려지지 않았지만 관심을 가질 만한 문헌을 식별하는 더 어려운 과업을 위해 조회queries와 메타데이터의 매칭matching에 대해 소개한다. 8장 '선택 방법의 평가'에서는 선택 방법의 표준적인 평가에 대해 설명하고 적합성의 문제점을 인정한다. 마지막 장 '요약과 성찰'에서는 이전 장들의 요점을 반복하고 사회의 정보를 어떻게 이해해야 하는지에 대해 몇몇 시사점을 고려한다.

2

문헌과 증거

❖

정보라는 단어는 보통 비트bits, 바이트bytes, 책, 기타 의미를 나타내는 대상을 가리키며, 정보의 넓은 의미를 사용해 이 종류의 대상을 문헌이라고 여기는 것이 편리하다. 문헌은 증거로 간주되기 때문에 중요하고, 따라서 문헌에는 물리적인 측면뿐 아니라 인지적이고 문화적인 측면도 있다. 쓰기, 인쇄, 통신, 복사 덕분에 시간과 공간을 초월해 문헌의 더욱 광범위한 이용이 가능해졌다. 최근에는 방대한 디지털 데이터 세트("빅 데이터") 형태 같은 여러 종류의 문헌이 크게 증가했는데 우리는 아직 여기에 대해 준비가 덜 되어 있다. 이렇게 증가하는 많은 양의 재료를 조직해 어떤 주어진 목적에 가장 적합한 자원을 발견할 수 있으려면 기술이 필요하다. 문헌의 후속 이용을 위한 상당히 다양한 요구가 있는데 발전하는 분야가 다 그렇듯 전문 용어가 일치하지 않거나 종종 꽤 비유적이다.

사물로서의 정보

20세기에 정보라는 단어가 유행하고 여러 의미로 사용되었다는 점에 주목했다. 일부 필자는 인간의 지식과 관련 없는 양상을 표현하기 위해 정보라는 단어를 확장했다. 다른 사람들은 참된 진술 또는 불확실성의 감소로 그 의미를 제한했다. 인간의 지식과 관련된 의미의 대부분은 다음 세 범주 가운데 하나에 해당한다.

1. 전달된 지식을 의미하는 지식knowledge으로서의 정보.
2. 정보가 형성되는 과정을 의미하는 과정process으로서의 정보.
3. 비트, 바이트, 책, 기타 물리적인 매체를 나타내는 사물thing로서의 정보. 실제로 이는 정보라는 단어의 가장 상식적인 용법으로서 의미를 나타낸다고 인식되는 어떤 물질적인 것과 물리적인 행위도 포함한다. 이 세 번째 의미에서 정보는 문헌document에 대한 광범위한 견해와 동의어가 된다.

문헌이라는 단어는 동사로서, 증거를 만들고 설명을 제공한다는 것을 의미한다. 문헌이라는 단어는 명사로서, 역사적으로 교훈, 설교, 본보기 등으로부터 배우는 어떤 것이었다. 점차 문

헌은 쓰인 텍스트written text를 의미하는 것이 되었고 한편으로
는 증거라는 의미를 보유했다. 그럼에도 문헌의 정의는 정착되
지 않은 채로 남아 있으며 세 가지 견해로 식별될 수 있다.

1. 전통적conventional · 물질적material 견해. 문헌의 정의에 대한
   일상적이고 전통적인 견해는 물질적이고 국지적이며 일
   반적으로 이동 가능한 평평한 표면(종이, 점토판, 마이크로
   필름, 워드프로세서 파일 등)에 쓰인 기록(대체로 텍스트)에 대
   한 것이다. 이러한 대상이 문헌으로 만들어졌다. 범위의
   경계는 불분명하다.

2. 도구적instrumental 견해. 거의 모든 것이 문헌으로서 기능
   하면서 무언가를 의미하는 것으로, 그리고 어떤 종류의
   증거를 구성하는 것으로 유지될 수 있다. 이 견해에서는
   박물학적인 수집물과 고고학적인 흔적도 문헌에 포함될
   수 있다. 군복이 채택되기 전에는 전투 중인 군인 가운데
   누가 아군이고 누가 적군인지 구분하는 것이 어려웠다.
   16세기에 부추leeks 들판에서 벌어진 웨일스Welsh와 색슨
   Saxons 사이의 전투에서 성 데이비드Saint David는 웨일스 사
   람에게 서로를 식별할 수 있도록 부추를 몸에 두르라고
   지시했다. 부추는 그 부호를 이해하는 사람에게 웨일스
   의 정체성을 문헌화한 것이고, 오늘날까지 나라의 상징으

로 남아 있다. '무엇이 문헌화인가?'라는 선언문의 문헌에 대한 논의에서 수잰 브리트Suzanne Briet는 사물로 형성되거나 사물에서 형성된 문헌에 대해 조사했다. 그녀는 새롭게 발견된 종류의 영양antelope은 분류학의 체계에 편입되거나 우리에 갇힐 때 문헌으로서 기능하도록 만들어진다는 유명한 주장을 했다. 이 주장은 참고문헌이 단순히 텍스트 접근성에 관련된 것만 아니라 증거 접근성에 관련된 것으로 적절히 고려되어야 한다는 그녀의 주장에 뒤이어 나왔다.

3. 기호학적semiotic 견해. 앞의 두 견해는 문헌의 창조를 강조했고 의도적인 창조를 암시했다. 그래서 기호학적인 관점에서 보면 그러한 견해는 불완전한데, 기호학적인 관점에서는 대상을 창조한 자(만약 있다면)의 의도(만약 있다면)와 상관없이 무언가의 증거로서 간주된다면 어떤 것도 문헌으로 간주될 수 있다.

문헌의 중요성은 그것을 어떻게 이해하느냐에 달려 있다. 왜냐하면 이해하고 대응하는 능력을 통해 살아 있는 유기체의 생존이 가능하기 때문이다. 문헌과 문헌화는 상황과 기회를 이해하는 데 유용할지도 모르는 증거가 된다. 문헌은 우리와 다른 사람 사이에 중재자로 이용되고, 우리는 다양한 방법으로 문헌에 대해 판단한다. 본 것을 이해하고자 노력하며, 인식한 것을 어느 정도까지 믿어야 하는지, 그리고 영향을 미친다고 보는 것에 대해 어떻게 느껴야 하는지를 결정한다. 얼마나 접근성이 좋아 보이는지 그리고 얼마나 이용하기 쉬운지 여부가 그 문헌에 관심을 기울이는 문제에 강하게 영향을 미친다. 우리는 최적화하기보다는 "때우고 만다"(최소한의 필요조건만 충족시킨다).

우리는 또한 의미와 지각을 구분해야 한다. 어떤 문장이 의미는 있을 수 있지만 지각에는 맞지 않을 수 있다. "쥐가 코끼리를 삼켰다"라는 문장은 문법적으로 의미 있는 진술로 만화나 다른 가상의 맥락에서는 가능하더라도 어떤 현실적인 맥락에서도 지각에 맞는 것은 아니다. 일반적으로 추상화나 로르샤흐 Rorschach 이미지처럼 불확실하거나 불완전한 의미에 접하게 되면 지각이 만들어진다.

문헌과 문헌 해부

문헌화 – 문헌 관리 – 는 다음 질문으로 이어진다. 즉, 어떤 종류의 문헌이 문헌화와 관련이 있는가? 분명히 디지털과 인쇄된 문자가 주된 관심이었지만 '그것으로부터 무언가를 배우는 대상'이라는 문헌의 개념을 받아들이면 필사본 또한 포함되어야 하고 텍스트의 범주를 제한할 어떠한 근거도 없어진다. 묘사하거나 설명하기 위해 도표, 그림, 지도, 사진이 사용되므로 이미지도 제외되어서는 안 된다. 인쇄된 지도가 포함된다면 3차원 지도인 지구의를 제외할 합리적인 근거는 없다. 도표가 포함된다면 왜 3차원의 모형이나 교육용 장난감이 포함되지 않겠는가? 3차원의 대상이 포함된다면 박물관의 표본이나 표현력 있는 조각품이 제외되는 것이 합리적이라고 할 수 없다. 쓰인 말이 포함된다면 녹음된 말 또는 음악은 왜 포함되지 않겠는가? 녹음된 말과 음악이 포함된다면 왜 녹음된 공연은 아니겠는가? 그리고 만약 녹음된 공연이 포함된다면 왜 실제 공연은 안 되겠는가?

문헌으로 간주되는 어느 것에도 다음 네 가지 측면이 있는 것으로 보인다.

1. 의미. 문헌에는 현상학적phenomenological 측면이 있다. 문헌이 무언가를 의미하는 것으로 인식되는 대상인 한, 문헌으로서의 속성은 고유한(본질적인) 것이 아니라 대상에서 기인한 것이다. 의미는 항상 보는 사람에 의해 구축된다.
2. 문화적 관례. 모든 형식의 의사 표현은 넓은 의미에서 언어로 생각될 수 있는 어느 정도 공유된 이해를 바탕으로 한다.

3. 매체 형태. 문자, 이미지, 숫자, 도표, 미술, 음악, 춤과 같은 다양한 형태의 표현이 진화했다.
4. 물리적 매체. 매개체에는 점토판, 종이, 필름, 자기테이프, 천공카드 등이 있고 때때로 여권의 경우처럼 결합된다.

그러므로 문헌이 되는 속성은 부가적(1)이며, 모든 문헌에는 문화적(2) 형태(3)와 물리적(4) 측면이 있다. 유형genres은 문화적으로 그리고 역사적으로 자리 잡은 조합이다. 디지털화는 직접적으로는 단지 물리적인 매체에 영향을 미치지만 종이와 인쇄의 발명처럼 그 영향은 광범위하다.

문헌의 속성을 가진 어떤 대상도 문헌으로 보는 것이 합리적이지만 당연히 그 대상이 문헌으로만 간주되어야 한다는 것을 의미하는 것은 아니다. 부추가 항상 웨일스만의 상징인 것은 아니다. 그 반대의 경우도 마찬가지인데, 심지어 전형적인 문헌의 경우에도 적용된다. 즉, 인쇄된 책은 편리한 문 받침대가 될 수 있는데 그 역할은 어떤 문헌적인 측면이 아니라 물리적인 성질에 의존한다.

정보기술의 역사

몸짓과 말의 사용은 일시적이며 매우 국지적이다. 보고 듣기 위해서는 그때 거기에 있어야 하지만 기술의 발전으로 이러한 제한은 점점 축소되었다.

쓰기

쓰기는 기록을 통해 말의 대안이 되었다. 쓰기로 인해 지역적 이고 수명이 짧은 말이 새롭고 오래가는 형태로 만들어졌다. 진술과 이미지가 남기 때문에 미래에도 볼 수 있고, 이동이 가 능하기 때문에 시간은 물론 거리의 영향도 극복할 수 있다. 쓰 기는 말과 몸짓을 기록하는 데 국한되지 않는다. 쓰기는 간단 히 독창적인 것이 될 수 있는데, 보통 무언가 발생했다(역사) 또 는 무언가 이루어져야 한다(의제)는 것에 대한 기록이다.

모든 경우에 쓰기의 효과는 다른 사람에게 인식될 수 있는 흔적과 증거를 확립하거나 또는 자신을 위해 무언가를 상기시 키는 역할을 한다. 이 방식으로 쓰인 기록은 가독성을 유지하 는 한 시간의 경과를 견디고 극복할 수 있다.

원칙적으로 단 하나의 기록도 어디에서나 누구에게든 읽힐 수 있다. 비록 특정 시간에는 오직 한 장소에만 있을 수 있지만 그 효과는 계속성을 부여한다. 그렇다면 쓰기는 시간의 효력을 감소시켜 인간 기억의 부분적인 대체물, 즉 인공적인 "외부 기억"을 제공한다. 오래가는 유형의 증거를 제공하여 소통, 통제, 상업을 촉진한 쓰기의 발명에 관해 쓴 많은 글이 있다. 이제는 쓰기가 없는 생활을 상상하는 것은 매우 어려운 일이다.

모래 위에 쓴 것은 씻겨나간다. 잉크는 희미해진다. 종이는 불에 타거나 분해될 수 있다. 전자 기록은 손상되기 쉽다. 그렇지만 쓰기는 그 한계 안에서 시간의 효력에 대응할 수 있고 이동 가능성으로 거리의 효력에도 대응할 수 있는 장점이 있어서 말과 몸짓을 능가한다.

인쇄

인쇄는 쓰기를 증식增殖하는데, 그 결과 확장된 두 가지 효과가 발생한다. 첫째, 하나의 수기물手記物은 이동을 통해 거리를 극복할 수 있더라도 여전히 특정 시간에는 오직 특정 장소에만 있을 수 있지만 인쇄물은 사본이 만들어지는 만큼 여러 다른 장소에 있을 수 있게 되었다. 사본이 더 넓게 배포될수록 지리적으로 분산된 개인은 더 편리해진다. 이는 중요한데, 왜냐하면 접근의 편리함은 사용 여부를 결정하는 강력한 요인이기 때문이다.

둘째, 어떤 개별 기록도 위조나 파괴를 포함한 변경에 취약한데 인쇄물은 많이 만들 수 있기 때문에 변경이 어렵다. 더 많

66

쓰기는

그 한계 안에서

시간의 효력에 대응할 수 있고

이동 가능성으로

거리의 효력에도 대응할 수 있는

장점이 있어서

말과 몸짓을 능가한다.

99

은 사본이 만들어지고 더 광범위하게 배포될수록 변경이 더 어려워지고 한두 개의 사본이라도 남을 가능성이 커진다.

인간 기억의 대체물인 기록을 통한 의사소통의 영구화와 다량의 사본 배포는 광범위한 영향을 초래했다. 인쇄술의 이용으로 르네상스, 과학의 발전, 근대국가의 부상이 촉진되었다. 인쇄술의 영향에 관해 많은 글이 쓰였다.

통신

19세기에 들어서고 한참 지날 때까지 통신은 걷거나, 말을 타거나, 배를 탄 사람이 좋거나 나쁜 소식을 전하는 것이었다. 전송기술, 특히 철도, 전신, 전화, 무선통신, 지금의 인터넷의 부상은 거리의 영향을 축소하고 이동과 관련된 지연을 줄이는 효과를 가져왔다. 통신도 인쇄처럼 관리 조정과 상업적인 선전을 용이하게 만들었고 여기에도 관련된 많은 글이 있다.

복사

글을 옮겨 적는 것은 글을 쓰는 것만큼 오래된 일이다. 18세기에 수기 문헌은 "레터 프레스letter press" 방식으로 복사되었다. 원본을 얇고 축축한 종이로 눌러서 원본의 잉크 가운데 일부가 그 축축한 종이로 옮겨졌다. 문헌은 19세기에 가끔 사진으로도 찍혔지만 신속하고 믿을 만하며 경제적인, 문헌의 복사는 20세기에 발전된 것으로 여기에는 사진 복사photostat, 마이크로필름microfilm, 정전기 복사electrostatic copying라는 세 가지 중요한 기술이 있다(새로운 원본을 만들어내는 것을 포함한 많은 형태의 복제duplicating는 소량 인쇄로 간주하는 것이 더 적절하다). 복사copying 기술의 영향에 관한 역사적인 또는 사회적인 언급은 훨씬 적다.

매개 원화intermediate negative 없이 감광지에 직사 촬영하는 사진복사기는 르네 그래핀René Graffin이 파리의 가톨릭 연구소에서 시리아의 초기 기독교 문헌의 편집을 촉진하기 위해 개발했다. 산출된 이미지는 음화(검은 바탕 배경의 흰 글자)였다. 좌우의 뒤바뀜은 45도로 기울어진 거울을 사용해 바로잡았다. 이 장비로 1900년 파리 국제박람회에서 수상했고, 유럽의 도서관을 위해 몇 대 만들어졌지만 1910년 상업적 이용이 가능해질 때까지 거의 영향을 미치지 못했다. 그 뒤에 수기 또는 타자로 만든 사본에 비해 사진복사기의 속도, 정확성, 효율성이 문자와 이미지 모든 측면에서 더 낫다는 점이 빠르게 인식되었다. 사진복사기는 광범위하게 받아들여져 최소한 1930년대 말까지는 선택받는 복사 공정이 되었다.

비둘기에 의해 운반되던 마이크로필름은 르네 다그론René Dagron이 1870~1871년에 파리가 포위되었을 때 적진을 가로질러 메시지를 전달하는 데 사용한 것으로 명성이 높지만 정밀 사진기, 표준 감광속도, 35mm의 불연성 필름을 이용할 수 있게 된 1930년대에 들어서서 비로소 광범위하게 사용되었다. 은행, 신문사, 도서관, 기타 기관이 대규모로 마이크로필름과 그 변종을 채택했다.

제로그래피xerography("건식 복사")로 더 잘 알려진 정전기복사는 사진 복사를 대체하기 위해 개발되었는데, 1960년대에 널리 사용되었고 오늘날에는 복사와 디지털 문헌의 인쇄를 위해 선택받는 기술이 되었다.

다양한 원본으로 가독성 있는 사본을 만드는 일은 실제로 이미지의 증강enhancement과 분리될 수 없다. 흐려진 문헌에는 가독성을 더 높이기 위해 대비contrast 증강이 필요할 수도 있다. 자외선을 이용하면 재사용된 중세 원고에서 지워진 텍스트를 드러낼 수 있고, 적외선을 이용하면 검열관이 잉크로 덧씌운 텍스트를 드러낼 수 있다. 이렇게 해서 복사는 단순히 사본을 만드는 것 이상이 된다. 우리는 어떤 표면에 방사되거나 거기에서 반사되는 빛을 통해 보기 때문에 빛의 대조가 인간의 시각에 적절해야만 어떤 이미지인지 알아볼 수 있다. 그렇다면 문헌의 복사가 인간이 읽을 수 없는 원본을 읽을 수 있는 사본으로 만드는 기술(다양한 광원, 여광기, 형광·특수 감광유제)로 신속하게 확대된 것은 놀라운 일이 아니다.

이 기술의 주요한 효과는 시간과 공간의 영향을 모두 감소시킨다는 데 있다. 기록에 대한 접근이 언제 어디서나 점점 더 용

"

19세기 사람들은

"정보의 홍수"를 두려워했다.

20세기에는 그것이 "정보의 폭발"이 되었고

지금은 이전의 모든 것이

"빅 데이터"의 등장으로 왜소해졌다.

"

이해지면서 그렇지 않으면 잊혔을 것을 쉽게 읽을 수 있게 되었다. 이러한 기술은 서로 영향력을 증폭하며 결합될 수도 있다. 인쇄판에 어떤 이미지를 만드는 사진술(사진석판술 photolitho-graphy)을 이용해 수많은 사본을 만드는 것이 좋은 사례 중 하나이다.

이러한 발달은 연속되는 공학의 진보로 크게 강화되었고 증기기관, 전기, 사진, 특히 디지털 컴퓨팅과 통신 등의 이용이 그렇다. 이러한 기술 덕분에 문헌이 엄청나게 증가할 수 있었다. 19세기 사람들은 "정보의 홍수"를 두려워했다. 20세기에는 그것이 "정보의 폭발"이 되었고 지금은 이전의 모든 것이 "빅데이터"의 등장으로 왜소해졌다.

데이터 세트의 부상

학술적인 연구 프로젝트에는 전형적으로 데이터 세트가 생성되지만 실제로 다른 누군가가 이 데이터를 추가로 이용하려고 시도하는 것은 일반적이지 않은데, 비록 지금은 연구자가 생성된 데이터를 보관하고 접근할 수 있는 관리 계획을 수립하도록 주요 기금 출연자들이 강제한다고 하더라도 그렇다.

과학과 공학은 가정과 모형 구축, 시행착오, 검증과 수정을 통해 진화하고 건설해가는 사업이다. 이러한 이유로 이전 연구 기록에 대한 공유된 접근이 매우 중요하다. 이미지, 수치화한 표, 수집된 표본처럼 텍스트가 아닌 기록이 일부 있었지만 역사적으로 기록은 주로 기술적인 보고서, 기사, 학회 논문, 책, 기타 유형으로 발간된 텍스트 형태였다.

느리게 발달한 (인식acknowledgement과 인용을 포함한) 학문적인 규범, 기술서 분야, 전문화한 출판과 유통 경로, 도서관과 서지학, 목록과 색인 등의 기반을 통해 종이 인쇄물로의 접근이 가능해졌다. 출판과 서지학적인 접근을 위한 기반 구조는 학자, 사회, 도서관, 출판업자에 의해 수립되었다. 20세기 말, 디지털적인 방법으로 추가적인 검색 기술의 실현이 가능해졌다(화학 초록 Chemical Abstracts, 의학정보 데이터베이스Medline, 과학인용 색인Science Citation Index을 생각해보자). 이는 삐걱거리지만 기능하는 시스템이다.

데이터 세트를 위한 어떤 기반 구조도 아직 비교할 만한 위치를 차지하지 못했다. 누군가 5년 혹은 10년 전에 완성된 프로젝트의 결과 보고서를 무작위로 선택해 보고서가 근거하고 있는 데이터 세트의 재사용을 요청한다면, 이는 아마 성공보다는 당황과 좌절을 초래할 것이다.

데이터 세트가 어떤 확정된 텍스트 기록을 예시하는 부록으로 간주된다면 이 상황은 매우 유감스러운 일이다. 그렇지만 과학과 공학의 관행 또한 디지털 계산의 보급으로 변형된 탓에 상황은 그보다 더욱 나쁘다. 심지어 인문학에서도 잠재적으로 유용한 학문 기록은 저술한 보고서가 아니라 점점 (주로 텍스트가 아닌) 여러 종류의 디지털 데이터 세트가 차지하고 있다. 원천 재료와 이것의 활용, 점점 세련되어지는 파생물은 동일한 분야의 연구자뿐 아니라 인접 분야의 연구자에게 이익이 되는 방향으로 공유되고 구축될 수 있다. 이는 텍스트 보고서의 단독 사용을 실질적이지 않게 만들고, 치밀하게 계산하고 데이터 중심으로 학문이 부상하는 방향으로 영향력을 확대하고 증거를 확보했다. 이로 인해 지금은 연구 분야에 대한 투자에서 훨씬 더 많은 수익이 발생할 가능성이 있다. 그렇지만 필요한 것이 있다. 각 분야 문헌의 보관처archive로 접근하고 유지하도록 진화·개발된 연구 관행, 출판 규범, 도서관, 서지학적 접근성의 기반은 상응하는 일련의 연구 관행과 기록물에서 계속 비중이 증가하는 디지털 자원의 보관 기반에 의해 보완되어야만 한다.

연구자는 상대적으로 좁은 연구 분야와 각자의 전공이라는 영역 내에서 비공식적인 상호작용을 통해 작업하는 경향이 있다. 보통 연구자는 전문 분야 내에서 서로를 알거나 적어도 간접적으로는 아는 사이이다. 그들은 유사한 프로그램을 이수하고 팀으로 활동하고, 회의에서 만나며 동일한 학술지를 읽고, 이메일로 교신한다. 소통과 문헌화의 공식적인 경로는 이러한 비공식적인 사회적 네트워크에 의해 크게 보완되거나 대체된다. 그렇지만 서로 다른 연구 분야 사이의 상호작용에서 비공식적인 사회적 네트워크는 거의 없다. 연구자는 동일한 "보이지 않는 대학"의 회원 자격 없이는 무엇을 물어볼 수 있는지 또는 누구에게 물어볼 수 있는지 모르는 것 같고 협조도 덜 받는 것 같다.

연구자는 각자 분야의 경계 또는 경계를 넘어 탐구하거나, 관련이 있지만 (그들에게는) 새롭거나, 다른 생각과 자료에 직면할 때 풍부한 결과를 획득할 수 있다. 이것이 연구 기금 출연자와 학계 기획자가 오직 학과목에만 기초하고 있는 학계의 환경에서 학문 간 상호작용을 위해 오랫동안 노력하는 이유이다. 한 집단보다는 더 많은 곳에 이점을 제공할 수 있는 자원은 더 큰 투자 수익을 가져온다.

매우 거대한 규모의 과학 프로젝트와 사회과학의 숫자 데이터 시리즈에는 훌륭한 실행 사례들이 있지만 다른 데에는 광범위하고 주로 문헌화되지 않은 결핍이 존재한다. 텍스트 기록 대부분이 출간된 적이 없어서 대체로 알려지지 않았거나 접근할 수 없고 또한 소실되기 쉽다는 점을 상상해보면 문제의 심각함을 이해할 수 있다. 이 얼마나 낭비인가!

실질적인 시도

간직하고자 하는 모든 것을 기억할 수는 없다. 개인은 물론 조
직도 기록이 필요하다. 그러므로 인공적인 "외부 기억"의 종류
인 문헌의 증가는 두 가지 결과를 가져왔다. 첫째, 문헌의 폭발
과 복잡성으로 인해 무엇을 믿어야 하는가라는 문제가 심각해
졌다. 둘째, 이러한 폭발에 대처하기 위해 필요에 따라 가장 적
합한 문헌을 발견하고 선정하는 기술 발전의 다섯 번째 매개
변수가 필수적인 것이 되었다. 이 다섯 번째 매개 변수에는 서
지학, 문헌화, 정보 검색, 정보과학 등 다양한 명칭이 있다.

전통적으로 문헌 수집(도서관)은 지식이 풍부한 학자가 감독
했는데 수집물에 익숙한 덕분에 어떤 목적이든 가장 적합한 문
헌을 추천할 수 있었다. 그렇지만 학자-도서관은 잊히고, 사라
지고, 죽기 때문에 이러한 방법은 믿을 만하지 않다. 바이에른
수도사였다가 도서관 사서가 된 마틴 슈레팅거Martin Schrettinger
는 이러한 문제를 인식하고 사람을 대신해 문헌을 찾고 검색하
는 시스템의 필요하다고 주장했다. 1808년 그는 저작을 위해
"도서관학Library science, Bibliothek-Wissenschaft"이라는 용어를 만들
어냈다. 이탈리아에서 정치적인 이유로 망명한 앤서니 파니치
Anthony Panizzi 경은 대영박물관 도서관을 위해 건실한 목록 규칙
을 개발했다. 미국에서는 멜빌 듀이Melvil Dewey가 효율성을 고양

하고 절차를 표준화했다. 현대 도서관학 기술은 19세기 말까지 발달되었다.

그렇지만 도서관은 보통 제한된 범위에서 출판된 문헌을 취급하며 문헌의 상세한 내용에 대해서는 제한적으로 관심을 갖는다. 1895년에 벨기에의 폴 오틀레Paul Otlet와 앙리 라퐁텐Henri La Fontaine이 더 복잡한 해결책을 제공하기로 결심했다. 그들은 모두를 위해 모든 지역과 모든 매체의 모든 것, 즉 문자, 이미지, 지도, 정부 기록, 통계 데이터, 수기, 필름, 박물관 진열품 등 모든 것에 대한 완전하고 상세한 색인인 국제 서지 목록 Universal Bibliographic Repertory을 만들기 시작했다.

오틀레는 대부분의 작가의 글이 너무 장황하고, 출판된 텍스트가 중복되거나 비효율적이며, 양장본("고문헌")은 지적知的 단위와 일치하지 않는 페이지와 글줄 때문에 디자인이 만족스럽지 않다는 점을 충분히 고려했다. 또한 인쇄된 책은 정적이며 고정되어 있어서 수정되거나 갱신될 수 없다. 오틀레는 인쇄된 책에서 사실을 추출하여 그것을 새로운 매체를 이용해 더 훌륭하고 유연한 종류의 "책"으로 옮기길 원했다. 독일 화학자 빌헬름 오스트발트Wilhelm Ostwald, 영국 작가 H. G. 웰스H. G. Wells는 간결하고 사실적인 진술의 백과사전이 각각 필요에 따라 갱신되고 모든 진술이 주제별 색인 망網에 연결될 것으로 전망하고 이를 공유했다. 당시에는 파일링 카드filing cards가 가장 유연하고 촉망받는 보관 기술이었다. 그들은 정교한 인공언어인 국제 십진분류법Universal Decimal Classification을 사용해 각 항목을 상세하게 서술하고 각각이 주제, 날짜, 기원에 따라 다른 항목과 어떻게 연계되는지 보여주었다. 그 결과는 일종의 하이퍼텍스트적인hypertextual 네트워크였다. 그렇지만 카드가 추가됨에 따라 카드 기술은 점점 노동 집약적으로 되었고, 수십 년 동안의 작업과 수백만 개의 카드를 뒤로하고 그들의 시스템은 더 이상 지속될 수 없었다.

오틀레로부터 영감을 받은 빌헬름 오스트발트는 지적인 작업을 위한 기술을 발전시키기 위해 노벨상 상금으로 뮌헨에 다리Die Brücke라는 명칭의 기구를 설립했다. 오스트발트는 기록된 지식을 효과적으로 재현하기 위해 책과 정기간행물에서 사실과 개념을 추출하고자 했다. 새로운 개념과 사실이 더해질 것이고 각 요소는 필요에 따라 갱신될 것이다. 1912년까지 오스트발트와 동료들은 "세계 두뇌World Brain"에 관해 열렬히 글을 썼다. 노벨상 수상자인 웰스도 동일한 생각을 고취시켰다. 카드의 간결하고 사실적인 기록을 통해 엄밀하게 편집되는 위키피디아를 상상해보라. "세계 기억World Memory"이 "세계 두뇌"보다 더 정확했을 테지만 오스트발트는 더 나아가기를 원했다. 구텐베르크의 이동식 개별 활자가 재배치되어 새로운 단어로 형성될 수 있었던 것처럼 오스트발트는 데이터를 발굴하는 정신으로 오히려 개념이 새로운 지식을 산출할 수 있도록 재배치되는 것을 희망했다.

오스트발트와 오틀레는 시스템, 논리, 표준, 기계, 효율, 진보에 기초한 현대적인 견해를 대변했지만 이들이 이용 가능했던 기술은 부적절했다. 그것은 지식에 대한 단순한 관점에 기초한 유토피아적인 견해였다. 심지어 과학적인 사실조차 맥락을 벗어나서는 적절히 이해될 수 없으며, 이는 전면적인 기억의 기술적인 시스템이 충분히 가능하다고 상상하는 누구에게나 커다란 영향을 끼쳤다.

후속 사용의 문제

하드 드라이브가 망가졌고 백업 파일이 없는 경우, 승인해줄 수 있는 사람을 찾을 수 없는 경우 등과 같이 다양한 이유로 과거에 다른 사람에 의해 생성된 데이터 세트의 사용이 지연될 수 있다. 그 결과 극복해야 할 여러 가지 장애가 있다. 여기 유형이 있다.

1. 발견. 적절한 데이터 세트가 존재하는가?
2. 위치. 사본은 어디에 있는가?

3. 노후화. 사본이 이용하기에 너무 낡았거나 구식인가?

4. 승인. 사용해도 되는가?

5. 상호 운용 가능성. 적절한 노력으로 사용할 수 있을 만큼 표준화했는가?

6. 서술. 데이터가 무엇을 표현하는지 충분히 분명한가?

7. 믿음. 계통, 버전, 오류율은 이해·수용할 만한가?

8. 사용. 내 목적을 위해 사용해야만 하는가?

이러한 질문은 연쇄적이다. 데이터 세트가 존재하는지 알지만 사본의 위치를 찾을 수 없는 경우, 사본의 위치를 찾을 수 있지만 사용이 불가능한 경우, 사용은 가능하지만 승인을 받을 수 없는 경우 등 어떤 문제도 재사용을 방해할 수 있다.

실제로 답변은 간단한 예 또는 아니요로 될 것 같지는 않다. 긍정적인 답변만으로는 충분하지 않다. 긍정적인 결과를 달성하는 데 필요한 노력이 너무 클지도 모른다. 결정은 항상 상황에 달려 있다. 노력을 투자하고자 하는 의지는 비용과 가용 자원뿐 아니라 인지된 성공의 이득과 알려진 대안에 달려 있다. 누군가는 필요한 최소한에 만족할 수도 있다. 즉, 더 적은 노력을 들인 덜 완벽한 결과는 종종 합리적인 행동 방침이 될 것이다.

이러한 장애는 각각 다르므로 정책, 업무 관행, 기반 구조,

개선 절차 등의 다른 해결책이 필요하다. 예를 들어, 어떤 저장소repository는 제3자의 이용을 위해 특정 연구원의 허가가 필요한 데이터 세트를 채택했지만 그 연구원이 죽거나 부재중일 때를 대비한 어떠한 비상 정책도 없었다. 어떤 해결책은 다른 해결책보다 더 현실적이며 가격도 적당하다.

특별한 문제는 데이터의 원래 편찬자에게는 충분했던 서술적인 메타데이터metadata가 몇 년 뒤에 이에 대해 모르는 누군가가 사용하기에는 충분하지 않을 수 있다는 점이다. 원래의 편찬자가 당연하게 여기고 설명을 제공하지 않았기 때문에 이러한 문제가 발생한다.

마지막 질문 ― 내 목적을 위해 사용해야만 하는가? ― 은 나머지 일곱 가지 질문과 다른데 이 경우 잠재적 이용자인 학자 개인에게 책임이 주어지기 때문이다. 그런데도 결정은 다른 일곱 가지 질문에 대한 대답에 따라 영향을 받는데, 그 문제 각각과 관련해 지원 능력을 갖춘 알 만한 전문가와 기구가 있다. 이는 최근 데이터 세트보다는 텍스트 기록에서 더욱 명백하게 식별된다. 전통적으로 서지학은 어떤 자원이 있는지 식별하고, 목록은 어디에서 사본을 찾을 수 있는지 열거한다. 지금은 검색엔진이 두 과업을 모두 지원한다. 출판업자는 단기간에 사본을 공급하고, 도서관은 장기적으로 사본을 공급한다. 데이터 세트에 지속적으로 접근하기 위한 방식이 제대로 발전되기까지는 아직 갈 길이 한참 멀다.

서지학 재고

고대 그리스에서 서지학자bibliographer는 "책 쓰는 사람book-writer", 즉 기존 텍스트를 옮겨 적어 새로운 사본으로 만드는 복사 담당자였다. 서지학자라는 단어가 유럽에서 사용되었을 때 사서 librarian라는 단어와 다소 혼용되었고 19세기에 도서관학library science이 별개의 기술적인 분야로 발달할 때까지 그 현상이 지속되었다. 더욱 엄밀한 서지학적 기술 발전은 1세기 전에 있었다. 책의 지적이고 문화적인 "내용"에 관심을 기울이자는 주장이 있었지만 기술적인 분석과 물리적으로 인쇄된 책 자체에 대한 서술을 강조했고 "새로운 서지학new bibliography"은 분석적이거나 역사적인 서지학으로 알려졌다. 그런데도 20세기 중반까지 "서지학적 접근" 또는 간단히 "서지학"은 (넓은 의미에서 사용될 때) 종이 인쇄물 분야에서 앞서 열거한 질문의 쟁점과 관련해 선택받는 용어였다. 이는 문헌을 조직하고 선택하는 문제에 관한 1968년의 고전적인 분석인 패트릭 월슨Patrick Wilson의 『두 종류의 힘: 서지학적 통제에 대한 에세이Two Kinds of Power: An Essay on Bibliographical Control』에 반영된다. 그렇지만 용어는 변하고 서지학의 넓은 의미는 대체로 "정보의 조직organization of information"
또는 이와 유사한 구절로 대체되었다. 자연스럽게 "서지학"
이라는 단어는 인쇄된 책을 물리적인 대상으로 상세하게 조사
한다는 것과 같이 점점 좁은 의미를 지니게 되었다. 이러한 좁
은 견해에 대한 설득력 있는 문제 제기는 도널드 매켄지Donald
McKenzie의 『서지학과 텍스트의 사회학Bibliography and the Sociology
Texts』에서 찾아볼 수 있다. 역사 서지학과 텍스트 비판 분야 전
문가인 매켄지는 두 가지 방식으로 설득력 있게 더 넓은 접근
을 주장했다. 첫째, 서지학의 범위는 책에 쓰인 텍스트를 넘어
그에 대한 해석과 사회적인 맥락을 포함하는 방향으로 확장되
어야 한다(이미 이루어졌다). 둘째, "텍스트"는 넓게 해석되어 인
쇄된 책에 쓴 것이란 의미를 넘어 앞서 의논한 "문헌"이라는 의
미에서 다른 매체, 특히 필름, 지도, 디지털 데이터 세트 같은
것을 포함해야만 한다. 이 두 번째 목표를 달성하기 위해서는
할 일이 많이 남아 있다.

　서지학이라고 부르건 말건 상관없이 디지털 데이터를 보관
한다는 핵심적인 쟁점에 더해 주목해야 할 수많은 영역이 있다.

　풍부한 서술. 데이터 세트의 재사용을 위해 적절한 비용으로
기존의 데이터 서술("메타데이터")을 얼마나 개선하고 확장할 수
있는가? 더불어 새로운 것, 낡은 것 모두를 포괄하는 분명한

구분과 계통을 정립할 수 있는가? 주석 기법annotation technic, 표준화한 용어, 의미론적 웹semantic web의 요소가 활용된 최대의 상호 운용 능력을 수반할 수 있는가?

교차 언어의 상호 운용 능력. 영어와 독일어처럼 서로 다른 언어의 메타데이터 조합이 있을 때 교차 언어의 쟁점이 크게 발생한다. 그렇지만 언어가 담론 내에서 진화하기 때문에 언어의 불일치는 동일한 언어의 개별 전문 분야 사이에 특수한 용어끼리 발생하기도 한다. 검색의 성과는 이러한 "방언dialect"의 차이에 민감하다. 컴퓨터 언어학이 도움이 될 수 있다.

조화. 표준화를 통해 유연성이 제한·제약되지만 그에 따른 상호 운용 능력 덕분에 장기적인 경제성과 자원 공유가 달성된다. 여기에는 다양한 상충 관계가 있다.

일관성. 수집의 규모가 증가해 종이에 쓴 텍스트를 넘어서면서 개별적인 자원은 점점 더 눈에 띄지 않게 되었다. 서술뿐 아니라 대부분의 데이터 세트의 공통적인 문제와 특징에 특히 더욱 집중할 필요가 생겨날 것이다.

⇨ 어디서 – 장소, 공간 위치, 지리 참조.

⇨ 언제 – 기간, 시점, 지리 시간 부호화.

⇨ 데이터의 유래 – 데이터의 기원과 타당성을 추적하는 능력 필요.

⇨ 시간에 따른 경계 문제 – 정치적인 경계 이동, 불안정한 생물
   학적 분류군 등.

⇨ 온톨로지ontologies·분류학·어휘 – 전 영역에 걸쳐 공유되고 상
   호 운영이 가능해야함.

이러한 쟁점은 모든 종류 자원에 적용된다.

세계 두뇌와 기타 형상화

오스트발트와 웰스 등은 거대한 백과사전적 설계를 세계 두뇌
World Brain로 여기는 것을 좋아하지만 이는 비유일 뿐이다. 그것
은 실제 두뇌를 닮지도 않았고 살아 있는 두뇌가 하는 일을 했
던 것도 아니다. 백과사전을 "외부 기억"으로 간주하는 것이 사
실에 더 가깝지만 거기에는 어떤 인간적인 기억 활동도 포함되
어 있지 않다. 기록이 발견되고 읽힌다면 인간 기억의 부분적
인 대체물 역할을 할지도 모른다. 디스크 드라이브와 기타 저
장 장치가 "기억memory"으로 간주되지만 기억하는 행위remem-
bering는 창조적인 활동이다. 우리는 전형적으로 기억된 것의

맥락에서 무언가를 상기하며, 매번 세부적으로는 조금씩 다르게 이해하고 기억하는 경향이 있다. 인간은 의미를 표현하고, 문헌은 언급할 뿐이다.

살펴보면 정보에 관한 담론은 도움도 되고 방해도 되는 비유적인 언어가 매우 풍부하다는 것을 바로 알게 된다. 즉, "외부기억", "세계 두뇌", 그 밖의 많은 사례에서 무생물인 대상에 활동적이고 인간을 닮은 행위라는 속성을 부여하거나 정보가 어떻게든 생명력 있는 활동적인 힘이라고 암시한다. 텍스트에는 "내용"이 있고, 문헌은 "정보를 제공"하고, 컴퓨터는 "생각하고", "밈meme"은 마음에 영향을 미치며 주변을 날아다니는 생각이라고 말한다. 비유적인 화법으로서 은유metaphor가 이해에 도움이 될 수 있고 보통 더 적절한 용어를 향한 진일보이지만 비유라는 점을 잊게 되면 쉽게 혼동과 모순에 이끌리게 된다.

요약

정보라는 단어는 보통 비트bits, 책, 기타 물리적인 매체와 같은 물리적인 것, 또는 의미를 나타낸다고 인식되는 어떠한 물리적인 것에 적용된다. 즉, 넓은 의미의 문헌을 가리킨다. 보통 문헌은 어떤 의미를 표현하기 위해 창조되거나 사용되는 그래픽 기록, 대체로 텍스트이다. 그렇지만 웨일스의 정체를 표현하는 부추처럼 거의 모든 것이 문헌 역할을 할 수 있다. 의미는 보는 사람의 마음에 구축된다는 기호론적 견해에 따르면 어떤 사물이든 무언가를 의미하는 것으로 인식될 수 있고, 그러한 관점에서 문헌으로 간주될 수도 있다. 따라서 우리가 증거로서의 문헌이라는 견해를 지닌다면 광범위하고 다양한 사물과 행동이 이러한 확장된 의미에서 "문헌"으로 간주될 수 있다. 문헌으로 간주되는 어떤 것도 무언가를 의미하는 것으로 인식되어야 하고, 물리적인 형태를 갖추고 있을 뿐만 아니라 공유된 이해("문화적 관례")에 의존한다. 쓰기, 인쇄, 통신, 복사 이렇게 네 가지 기술은 선사시대 이래 점점 더 중요해졌다. 넘쳐나는 문헌으로 인해 그것을 조직하려는 계획, 무엇을 믿어야 할지를 알아야 하는 도전, 문제와 기회 모두를 서술하려는 상상력 풍부한 은유적인 언어가 등장했다. 데이터 세트는 문헌의 한 형태이지만 지속적으로 접근할 수 있는 디지털 데이터 세트를 사용하기 위한 기반 구조는 인쇄물에 비하면 훨씬 덜 발달되었다. 필요한 것은 원칙적으로 동일하다. 학문적인 관행과 서지학이라고 알려진 분야에 적절한 경신이 필요하다.

다음 장에서는 문헌을 개인적·사회적으로 이용하는 것에 대해 더욱 깊게 들여다본다. 정보의 사용에는 항상 물리적·정신적·사회적 측면이 나타난다.

3

개인과 공동체

❖

자기를 둘러싼 환경의 중요한 발전에 대해 지각하고 다른 사람에게 영향을 끼치고자 하는 것 ― 정보 획득과 정보 제공 ― 은 생존의 기초이다. 인간 사회에서 이러한 상호작용은 대체로 문헌을 통해 이루어지며 그러한 양상은 점점 더 증가하고 있다. 어떤 공동체가 무엇을 안다고 말할 때, 그것은 보통 공동체의 어느 구성원이 그 무엇을 안다는 것을 의미한다. 한 집단 내에서 아는 것에 대해 영향을 미치는 능력은 중요한 정치적·경제적·실질적 결과를 초래할 수 있다. 사람들이 아는 것은 언제나 문화적인 맥락 안에서만 발생하는 문화, 지식, 믿음, 이해의 구성 요소이다. 이처럼 정보는 완전하게는 분리될 수 없는 물리적·정신적·사회적 측면을 항상 지닌다.

개인이 하는 것

모든 생명체는 생존을 위해 환경에서 중요한 것을 지각하고 적절하게 반응하는 능력에 의존한다. 그 생명체는 습기를 지각하고 찾는 단세포 유기체일 수 있고, 빛을 향해 성장하는 식물, 먹이를 찾는 벌레, 위협적인 포식자를 발견하려는 포유류일 수 있다. 그 생명체는 지적인 토론에 참여하고 있는 인간일지도 모른다. 생명을 가진 유기체는 모든 상황에서 내부적으로 지각 perception을 만들어낸다. 안녕과 심지어 생존까지 정확한 지각에 의존하지만 그 유기체가 정확하게 지각하고 올바르게 해석했는지 보장해주는 것은 어디에도 없다. 물론 지각된 것이 매력적인가(음식, 따뜻함, 거주지, 잠재적인 동료) 또는 위협적인가(포식자, 기타 위험)에 따라 가능한 대응은 많다. 보통 유혹과 속임수로 어떤 다른 생명체의 지각에 영향을 미치려는 시도가 있지만 그러한 시도를 통해 항상 의도한 결과가 달성되는 것은 아니다.

이처럼 감각하고 인지하고 대응하는 과정과 어떤 다른 유기체의 감각, 인지, 대응에 영향을 미치려는 시도 — 정보 획득과 정보 제공 — 는 사회에서 정보의 기초이다. 모든 사회와 공동체의 협력은 구성원의 상호작용과 소통으로 그리고 그것에 의존해서 이루어진다. 원시인류 사회는 말, 춤, 소통을 위한 몸짓과 기록을 위한 그림을 사용했다. 인간과 다른 동물을 구분하는 것은 언어, 이미지, 도구 사용의 복잡성이다.

개인은 문헌으로 무엇을 하는가? 우리는 공간과 시간을 가로질러 소통하기 위해 문헌을 사용하고, 모르는 것을 줄이고, 증명을 통해 안심하려고 문헌을 찾는다. 우리는 자신이나 다른 사람의 현재와 미래의 목적을 위한 기록을 생성해 무언가를 문헌화한다. 자신의 즐거움, 오락, 영적이거나 치유적인 목적을 위해 읽고 보고 쓰고 연주할 때의 목적은 심미적인 것일지도 모른다. 우리는 주위에서 무슨 일이 일어나는지 감지하기 위해 환경을 살핀다. 관심사의 전개와 같이하거나 그것을 따라잡기 위해 노력하며, 처리할 수 없거나 원하지 않는 것은 피하거나 걸러낸다. 다른 개인이나 기계에 위임할 수도 있지만 이런 것이 개인의 행동이다.

공동체가 아는 것

공동체가 아는 것에 대해 말하는 것은 편리하고 유용할 수 있다. 특정한 전문 지식을 가진 공동체의 사례는 많다. 제조회사 사원, 학급 학생, 마을 주민, 정부 부처의 관료, 전공 분야의 학자 등이 있다. 사진사는 f64가 무엇을 의미하는지, 체코인은 1620년의 화이트마운틴 전투를, 내과 의사는 어떻게 병을 진단해야 하는지, 기독교인은 예수가 인간을 구원하기 위해 죽었다는 것을 안다. 각각의 공동체 밖 개인에게 그러한 지식이 있을 것 같지 않고, 혹은 다르게 믿고 있을 수도 있다.

엄격히 말하면, 살아 있는 개별 생명체만이 무언가를 알 수 있고 지식은 개체의 죽음과 함께 끝난다. 그렇지만 사람들이 서로 배움으로써 동일하거나 매우 유사한 지식을 가질 수 있기 때문에 심지어 개인이 죽더라도 알게 된 것은 아마도 동일한 공동체 내 다른 사람에 의해 계속해서 아는 것으로 남을 것이다. 간단하게 피상적으로 서술하자면, 특정 공동체의 지식에 관한 어떤 진술도 하나의 일반화다. 일반화는 특정 공동체의 전부 혹은 대부분, 적어도 다수의 개별 구성원이 아는 것을 서술하는 편리한 방법이다. 그들이 아는 것은 다른 어떤 집단의 모든 혹은 대부분의 구성원이 아는 것과 상당히 많이 다를지 모른다. 이러한 지식의 차이는 그 두 집단을 다르게 만드는 요소이다.

어떤 공동체가 무엇을 아는가에 대해 규정하려는 시도(때때로 영역 분석으로 불린다)는 모호해지기 쉽다. 누가 그 공동체에 포함되어야 하는지 분명하지 않을 수 있고, 구성원의 자격에는 종종 정도의 문제가 있다. 더구나 공동체라는 개념은 믿을 수 없을 정도로 단순하다. 사회적인 관계는 다양한 조합의 상호 관계를 포함하며 어느 시점에서나 개개인 각자는 변화하는 많은 공동체의 구성원이다. 또한 개인이 아는 것에 대해 규명하는 것이 어려울지 모른다. 지식은 스스로 보유한 기록에 의해 부분적으로 증명된다. 기록은 공동체 안에서 다른 사람들과 공유된다. 문헌은 공동체를 구성하고 지식의 공유를 촉진하는 데 유용하지만 개인이 아는 것을 불완전하게 반영한다. 공동체의 구성원보다 공동체와 관련된 문헌을 더 쉽게 접할 수 있고, 사람 대신 문헌을 조사하는 것이 더 편리하겠지만 여기에는 위험이 따른다. 문헌은 사람이 아니어서 간접적이고 불완전하기 때문이다.

그렇지만 어떤 집단이 알거나 믿는 것은 중요한 정치적·경제적·실질적 결과를 초래할 수 있다. 어떤 공동체가 아는 것을 이해하면 그 공동체의 새로운 발전에 대한 대응 방식, 재난에 대항하기 위한 준비, 특별한 변화를 수용할 의지 등에 대한 예측이 가능해져 이를 찾고자 하는 강력한 유인이 생겨난다. 그 결과, 아는 것을 확인하는 것은 매우 유용할 수 있다. 그렇게 공동체가 아는 것에 영향을 미치는 어떤 능력도 권력의 중요한 원천이며 1장의 의제 목록에 반영되어 있다.

보통 "회사는 알았다…" 또는 "미국은 알았다…"는 식의 진술은 회사의 경영진 또는 국가의 지도자가 비록 나머지 대부분은 몰랐더라도 뭔가를 알았다고 말하는 비유적인 방식의 언급이다. 더욱 복잡한 설명과 관련 기제에 대한 이해를 위해서는 문화의 역할에 대한 주의가 필요하다.

문화

문화라는 단어는 오페라, 고전음악, 미술품 전시, 기타 우아하지만 비싼 엘리트의 활동처럼 보통 "상류 문화"를 가리키기 위해 사용된다. 그렇지만 학술적인 논의에서 문화는 다른 광범위한 의미를 지닌다. 그것은 우리가 어떻게 일상생활을 영위하는지를 가리킨다. 1871년 에드워드 타일러Edward Tylor 경은 다음과 같은 고전적인 정의를 내렸다. "민족지학의 넓은 의미에서 보면 문화와 문명은 지식, 믿음, 예술, 도덕, 법, 관습 그리고 기타 사회구성원으로서 인간이 획득한 능력과 습관의 전반적인 혼합이다." 그 뒤에는 정의가 유사해지는 경향이 있다. 우리의 목적과 관련해 중요한 것은 넓은 의미에서 우리 각자가 아는 것이 말하고 입는 것과 더불어 우리 문화의 중요한 요소라는 점이다. 그러므로 각 집단이 무엇을 아는지, 개인 사이에 소통은 어떻게 하는지의 차이는 집단의 문화 차이인 것이다.

어떤 개인도 세상의 모든 사람, 모든 장소, 모든 제도, 모든 건물, 모든 사건을 알 수는 없다. 모든 매체와 출판물을 접할 수는 없다. 우리 각자는 원래 알 수 있는 것보다 훨씬 더 적게 안다. 그 대신 우리에게는 제한된 범위의 친구와 가족이 있다. 우리는 이웃 사람, 여행하는 길, 직장과 학교의 환경에 대해 많건 적건 간에 알고 있다. 복잡하고 다양하며 중복된 여러 공동체에 참여하더라도 우리의 개별 세상은 하나의 작은 세상small worlds이다. 어떤 작은 세상은 다른 세상보다 문화적으로 작아 보인다. 예를 들어, 고립된 섬에서 죄수로 사는 세상 또는 양로 원에서 노인들과 사는 세상이 그런 세상이다. 우리는 일반적으로 주변 사람(부모, 형제자매, 친구, 선생, 동료)과 환경이 제공한 신호, 그리고 문헌으로부터 배운다. 요약하자면 우리의 지식, 그리고 소통하고 추론하는 방식은 문화적으로 작은 개별 세상에 자리 잡고 있으며 심지어 가장 작은 개별 세상도 복잡하다. 문헌이 증거에 관련되고 증거는 사실을 함축하기 때문에 우리는 사실을 고려해 이러한 상황의 결과를 예시할 수 있다.

앞에서 언급한 폴 오틀레의 이상적인 계획은 1930년대 중반에 출판된 책 두 권에 요약되어 있다. 같은 시기 폴란드에서는 미생물학자 루드윅 플렉Ludwik Fleck이 『과학적 사실의 기원과 발전Genesis and Development of a Scientific Fact』(1935, 1979)에서 오틀레가 추구했던 간결하고 사실적인 백과사전식 등재가 왜 본질적으로 부적절한지에 관한 설명을 진전시키고 있었다. 플렉은 맥락을 가진 설명을 너무 많이 없애면 요약이 호도된다고 주장했다. 그는 어떤 텍스트든 저자, 텍스트, 저자의 문화적 관습과 맥락, 이렇게 세 가지 요소와 관련해 이해되어야 한다고 강조했다. 텍스트가 읽힐 때에는 반드시 독자의 문화적 관습과 맥락이 관련된다. 실제로 이중의 플렉 효과가 있다. 즉, 저자, 텍

우리의 지식,

그리고 소통하고 추론하는 방식은

문화적으로 작은 개별 세상에 자리 잡고 있으며

심지어 가장 작은 개별 세상도 복잡하다.

스트, 저자의 문화적 맥락뿐 아니라 독자, 텍스트, 독자의 문화적 맥락이 있다. 두 문화적 맥락의 차이에서 어려움이 생겨난다. 고대 시대, 중세 시대, 르네상스 시대를 이해하는 데 어려움을 겪는 이유는 저자의 지식과 사고방식이 우리와 다소 다르기 때문이다. 그 시기 저자들이 오늘날의 글을 읽는다고 가정하면 그들은 현대 세계에 익숙하지 않기 때문에 이해하는 데 어려움을 겪게 될 것이다. 맥락이 문제다!

플렉 외에 종종 사회적 인식론social epistemology으로 불리는 분야의 사람들이 공동체 안에서 어떻게 지식이 발달하는지 연구했다. 여기에는 문헌-관련 행위의 표면적인 현상에 대한 양적 분석(출판물의 통계적 분석)뿐 아니라 집단 기억(또한 사회적 기억으로도 알려짐)에 관한 모리스 할박스Maurice Halbwachs의 연구, 미셸 푸코Michel Foucault의 지식의 고고학, 토머스 쿤Thomas Kuhn의 과학 혁명과 패러다임 전환 개념 등이 있다.

중요한 분야는 과거 사건에 대한 우리의 이해이다. 과거the past, 역사history, 유산heritage을 구분하면 유용할 것이다. 과거(발생한 것)는 지나갔다. 가버렸고 접근할 수 없다. 우리는 거기에 갈 수 없다. 역사는 단어 자체가 암시하듯 과거에 대한 이야기story, 서사적인 주장으로 항상 서술적·해석적이며 어쩔 수 없이 언제나 불완전하고 특정한 관점에 입각한다고 여겨진다. 유산은 과거로부터 또는 과거에 관해 간직한 것이다. 즉, 유전자,

유독 폐기물, 소중한 문헌, 선호되는 역사 서사가 여기에 해당한다.

역사 지식이 재미있는 이유는 우리가 과거 사건에서 분리되어 있다는 것이 분명하다는 점과 과거 흔적(오래된 문헌, 고고학적 발견, 틀릴 수 있는 기억)이 너무나 명백하게 우리의 해석에 의존한다는 점이다. 다른 지식 영역은 정도는 다르지만 동일한 속성을 공유하는 경향이 있다. 즉, 관심 대상에 접근하기 어렵다는 점, 해석에 의존한다는 점, 모든 경우 해석은 문화적인 맥락 안에서 만들어진다는 점이 이에 해당한다.

타인의 행위인 문헌

각기 다른 학자가 보통 동시에 동일한 주제 또는 매우 밀접한 주제를 연 구하지만, 동일한 장소에서 연구하지는 않는다. 그러한 일이 일어나 함께 모여 동일한 공간을 사용한다면, 소통, 자문, 주석 공유에 편리하고 효율적이어서 도움이 될 것이다. 그렇지만 연구 공간을 공유하는 것은, 경제적이고 제도적인 한계가 극복될 수 있더라도 여러 이유로 인해 현실적이지 않다. 다른 사람이 내 공간으로 오려고 하지 않거나 오지 못할 수 있다. 심지어 어떤 잠재적인 협력자가 내 영역으로 온다고 해도 이러한 방법이 확대되지는 않을 듯한데, 왜냐하면 다른 잠재적인 협력자가 있더라도 그들 각자는 아직 나에게 관심이 없는 또 다른 협력자와 장소를 공유하고 싶을 수 있기 때문이다. 또한 내가 다음 날 다른 주제에 더욱 관심을 갖게 되어 내 장소를 어떤 다른 협력자, 아마 다른 주제를 연구하는 학자와 공유하기를 원하게 될지도 모른다.

다른 어려움도 있다. 어떤 학자가 우리의 관심사를 공유한다는 점을 알더라도 그가 어디에 있는지 모를 수 있고, 공통의 언어를 공유하지 않을 수 있고, 거리의 문제에 더해서 시간의 문제도 있을 수 있다. 그 학자가 지금은 내 주제에 대한 관심을 잃어버렸을지도 모른다. 그가 죽었을 수도 있다.

실질적인 문제로, 우리는 다른 학자와 그들의 문헌을 통해 소통한다. 우리는 그들이 쓴 것과 그들의 연구에 대해 쓴 것을 최선을 다해 다룬다. 문헌은 그 사람의 생각과 작업에 참여하는 수단으로서 남아 있는 것의 전부이다. 과학기술이 과거 발명의 성과를 통합하는 것과 마찬가지로 문헌이 앞선 학자의 작업과 생각을 선택적으로 그리고 불완전하게 구현한다고 말할 수 있다.

사회적인 것과 개인적인 것

문헌의 "사회적 생애the social life"라는 글과 문헌이 "사회적 대상 social objects"으로서 정의된 것에 반영되어 있듯이, 문헌은 광범위하게 사회적인 것으로 간주되고 이는 옳은 것으로 여겨진다. 문헌의 사회적인 역할은 이 책의 첫 장에서도 강조되었다. 그러나 문헌의 사용은 사적인 일기를 쓰는 경우처럼 엄격하게 사적이고 개인적일 수 있는데, 자신의 즐거움을 위해 읽는 것, 다른 사람이 보게 하려는 의도를 가지지 않거나 보더라도 이해하지 못할 수 있는 사적이고 개인적인 주석을 다는 것도 여기에 해당한다. 문헌을 사회적인 대상으로 묘사하는 것이 잘못은 아니지만, 불완전하다. "사회적 대상"을 "문화적 대상"으로 바꿈으로써 이 문제가 교정될 수 있는데, 왜냐하면 "문화적"이라는 단어가 개인적인 행위와 집단적인 행위 모두를 포괄하기 때문이다.

사회는 개인으로 구성되며 엄밀히 말하자면, 문헌을 가지고 상호작용하는 것은 사회가 아니라 개인이다. 일부 과정이 기계에 위임되기도 하지만 어떤 목적을 달성하기 위해 문헌을 만드는 것은 바로 개인이며 문헌에 대한 그들의 인식과 오인이 인지적·감정적 결과를 가져오는 것이다. 두 명 이상의 개인이 문헌을 만들고 수정하는 데 협력할 수 있고 어떤 문헌에 대해 동일한 방식으로 반응할 수도 있지만, 그들은 여전히 개인이다. 그런데도 문헌의 개인적인 사용은 보통 사회적인데, 왜냐하면 문헌의 사용은 문화적인 것이며 우리는 누가 어떤 문헌을 만들고 누가 그것을 보게 될지 관심을 가지고 있고 또한 그래야만 하기 때문이다.

정보의 물리적·정신적·사회적 차원

이제는 정보가 물리적·정신적·사회적 양상을 띤다는 것은 분명해졌을 것이다. 여기에서 이 세 가지 차원에 대해 검토하고 그들 사이의 관계 일부를 알아보기로 하자.

물리적 차원

문헌은 누군가에 의해 뭔가를 의미하는 것으로 간주되는 어떤 것이다. 초감각적인 지각, 직접적인 종교적 영감, 텔레파시 등을 포함하지 않는 한, 또는 포함하기를 원할 때까지 문헌은 물리적이고 물질적인 것이어야만 한다. 전자 기록("가상적인 것")은 어떻게든 물리적이지 않다고 때때로 가정되거나 암시되지만, 전자 시스템이 물리적인 것이기 때문에 이는 잘못이다. 예컨대, 자기력이나 전력이 없었다면 많은 것을 달성하지 못했을 것이다.

우리는 텍스트와 저작에 대해 추상적인 의미에서 논의할 수 있지만, 텍스트와 저작은 오직 어떤 물리적인 현상으로서만 문헌으로 존재할 수 있다. 정보 시스템을 통해 정보를 획득한다고 간주되지만, 그것은 언제나, 그리고 오직 물리적인 재료를 통해서만 이루어진다. 제작된 모든 정보 시스템은 종이 인쇄, 천공카드 구멍, 자기화한 비트, 광학 펄스, 기타 물리적 매체처럼 물리적인 기록을 바탕으로 운용된다.

물리적인 측면은 모든 문헌이 시간과 공간 안에서 존재한다는 것을 의미한다. 공간적인 측면은 모든 문헌이 어느 곳의 물리적인 공간을 차지한다는 것을 의미하며 이동의 용이성은 크게 다르겠지만, 물리적인 공간에 존재하는 어떤 것이든 원칙적으로 새로운 장소로 이동될 수 있다. 문헌의 시간적인 측면 또한 매우 중요하다. 텍스트를 읽거나 녹음을 듣는 일에 시간이 걸릴지 모른다. 어떤 종류의 문헌은 시간의 흐름에 따라 변하도록 설계되었는데, 예를 들어 영화와 기타 공연이 여기에 해당한다.

시간이 지남에 따라 물리적인 어떤 것도 결국 변할 것이므로 유지와 보존은 중요한 실제 쟁점이 된다. 소멸과 오염에 관련된 전자 기록의 취약성이 극단적인 경우일 것이다. 문헌 기술 ─ 쓰기, 인쇄, 통신, 복사 ─ 의 역사는 시간과 공간의 제약을 감축하기 위한 계속되는 노력으로 간주될 수 있다.

정신적 차원

물리적인 차원이 필수적이지만 그것만으로 문헌이 되기에 충분한 조건이 되는 것은 아니다. 무엇을 의미하는지 확신하지 못하더라도 누군가가 그것을 무엇이든 (잠재적으로) 의미하는 것으로 봐야만 한다. 수잰 브리트는 문헌과 문헌화에 대한 설명에서 문헌은 증거를 구성한다고 언급했다. "문헌은 사실을 지지하는 증거이다"(Briet, 1951; 2006: 9). 원문은 영어 단어 proof (증거)에 대응하는 프랑스 단어 preuve를 사용했는데, 이 단어 또한 증언testimony과 증거evidence를 가리킬 수 있다.

문헌의 요건(무언가에 대한 실질적·잠재적 증거)은 개인적이고 사적인 판단이며 그래서 주관적이다. 그러한 지각은 오직 살아 있는 마음에서만 생겨나며, 살아 있고 변화하는 마음을 따라 개인이 아는 것이 변할 때 그 지각도 죽을 때까지 계속 변할 수 있다. 이러한 지각의 결과를 관찰할 수 있더라도, 지각 그 자체는 관찰하거나 측정할 수 있는 것이 아니다.

사회적 차원

형용사 "사회적social"이라는 단어는 문헌과 관련해서 넓게 사용된다. 우리는 "문헌의 사회적 생활"(예컨대, Brown and Duguid,

2000)이나 "사회적 자취"(예컨대, Ferraris, 2013)로서 문헌에 대해 읽는다. 그렇지만 오직 개인만이 문헌을 통해 정보를 (정신적인 구축을 거쳐) 제공받을 수 있다고 가정한다면, 사회적인 것을 정신적인 것과 구별하는 데에 주의가 필요하다. 주관적인 정신적 활동에 참가하는 개인들의 다양성이 정신적 측면에 속한다고 더 적절하게 표현하기 위해 비유적으로 사용되는 사회적이라는 용법을 제외한다면, 사회적인 것은 지식 ─ 특히 현실을 이해하는 데 서로 영향을 미치는 둘 이상의 개인 간 상호작용 ─ 에 관한 사회학을 포함할 수 있다.

버거와 루크만Berger and Luckmann이 『현실의 사회적 구성: 지식 사회학의 협정The Social Construction of Reality: A Treaties in the Sociology of Knowledge』(1966)에서 어떻게 주관적인 것이 객관적인 것으로 되어 표정(찡그림), 몸짓(단도를 든), 대화를 통해 다른 사람에게 접근할 수 있는지 상세하게 설명했다. 그들이 언어의 힘을 강조한 것은 올바르지만, 그 과정에서 추가될 수 있었던 기회가 상실되었다. 소통의 가장 중요한 요소인 언어는 대체로 문헌으로 표현되며 앞으로 더욱 그러할 것이다. 이 점을 분명히 했더라면 지난 반세기 동안 문헌과 문헌화에 대한 연구는 더욱 주목을 받았을 것이다.

지식 사회학의 중심 개념은 상호주관성intersubjectivity이다. 개인은 주관적인 생각을 다른 사람이 지각할 수 있도록 객관화할 수 있다. 적대적인 태도는 예컨대 상대방에게 찡그리고, 무기를 위협적으로 사용하고, 화난 말을 사용하는 것으로 객관화할 수 있고, 그렇게 되면 상대방은 주관적인 해석을 하고 그에 따라 반응하거나 대응한다. 주관적인 이해는 이러한 방식을 통해 관련된 두 명 이상 사이에서 변증법적인 방법으로 발전한다. 이러한 어느 정도 공유된 주관적인 이해 — 상호주관적인 이해 — 가 어떤 사회적 집단에서든 공유된 문화의 기초를 형성한다. 이는 여전히 개별적인 주관적 이해이지만 점점 공유되고, 그러한 의미에서 사회적인 것이 된다.

사회적 차원은 협력과 강제 같은 집단 활동에 반영된다. 우리는 사회적 집단화의 다양성, 복잡성, 유동성에 주목해야만 한다.

물리적·사회적 차원

모든 공동체는 분업에 의존하고, 그 결과 전문적인 지식의 사회적 분화와 구성원의 간접적인 지식에 대한 의존이 계속해서 증가한다. 사회적 분업과 "정보사회"가 일반적으로 의미하는 바를 가능하게 만든 것은 쓰기, 인쇄, 통신, 복사, 컴퓨팅 같은 물리적인 문헌 기술의 발흥이다.

텍스트는 고립된 개인의 정신적인 노력을 통해 저술될 수 있지만 물리적인 문헌은 보통 다양한 사람의 활동 결과이다. 인

"

사회적인 분업과 "정보사회"가
일반적으로 의미하는 바를
가능하게 만든 것은
쓰기, 인쇄, 통신, 복사, 컴퓨팅 같은
물리적인 문헌 기술의 발흥이다.

"

쇄된 책은 제지, 인쇄, 출판, 식자植字, typeset, 제본, 판매 등에 종사하는 많은 사람에게 의존한다. 공유된 재정, 운송, 기타 기반 구조가 모두 각각 다양한 공헌을 통해 지원되는데, 만약 독자가 없다면 책은 인쇄되지 않을 것이다.

사회적 차원과 물리적 차원은 정보 정책의 영역 안에서 덜 직접적으로 정신적 차원을 포함하는 방식으로 결합되는데, 사회적 권력은 그 정보 정책을 바탕으로 경제적·입법적·정치적 수단 등을 통해 정신적인 활동을 가능하게 하거나 보통은 제한하기 위해 사용된다. 지적 재산을 통제하는 법규, 교과서 채택, 사생활 보호, 문헌에 의한 명예훼손, 기술 표준, 국가 보안 등이 사례이다. 이러한 행동유도성affordances이 기회에 영향을 미쳐 간접적으로 정신적인 활동에 영향을 준다.

사회적·정신적 차원

행동은 본성과 양육nature and nurture 모두에서 획득된다. 우리의 정신적인 행동은 양육 즉, 우리가 다른 사람으로부터 직간접적으로 배운 것에서 아주 깊은 영향을 받는다. 양육은 사회적인 과정이다. 문화와 문화적인 유산은 사회적으로 획득된다. 플렉이 강조했듯이, 저작물을 이해하는 데에는 저자의 문화적인 맥락에 대한 고려가 필요하다. 현재 논의에서 보면 문헌은 반드시 물리적이고 정신적인 속성 모두를 가져야 하지만, 정신적인 과정은 문화적으로 사회적인 것과 결부되어 있기 때문에 문헌의 요건을 갖춘다는 것은 또한 당연히 정신적인 것을 통해 간접적으로 사회적 차원을 결부시킨다. 이것만으로도 모든 문헌에는 반드시 정신적·물리적 관점뿐만 아니라 사회적 관점이 있다고 믿기에 충분한 근거가 된다.

물리적·정신적·사회적 차원

지금까지는 한 쌍의 차원에 집중했지만, 암시된 바와 같이 조만간 세 번째 차원이 등장할 것을 알아차릴 수 있다. 우리는 지원하고, 설득하고, 통제하기 위해 여러 다양한 방식으로 문헌을 사용하거나 사용할 필요가 있는데 그러한 과정에서 세 가지 양상 — 사회적인 것, 물리적인 것, 정신적인 것 — 모두가 직접 사용된다.

요약

개인은 다양한 방법으로 문헌을 사용한다. 즉, 배우고, 증명하고, 소통하고, 기록하고, 즐기고, 추적하고, 원치 않는 것을 피하기 위해서다. 사람 사이의 상호작용에서 많은 부분이 메시지와 기타 문헌을 통해 이루어진다. 그것을 사용하고 이해하는 방법은 문화의 일부분이다. 우리는 각자 작지만 복잡한 세상에 살고 있으며 쓰기, 읽기, 이해하기는 모두 문화적인 맥락 안에서 일어난다. 심지어 사실까지도 맥락에서 이해될 필요가 있다.

다음 장에서는 문헌이 배치와 서술을 통해 어떻게 조직되는지 살펴본다.

4

조직하기
배치와 서술

❖

우리는 모든 종류의 기록이 어마어마하게 증가한 것에 주목했지만 그 가운데 어느 누구에게나 어떤 주어진 시점에도 중요한 것은 거의 없을 것이고, 그래서 두 가지 과제가 발생한다. 알려지지 않은 매우 많은 문헌 가운데 어떤 목적에 맞는 중요한 것을 어떻게, 만약 있다면 발견할discover 수 있는가? 그리고 원하는 식별된 문헌의 사본을 어떻게 찾을find 수 있는가? 만약 우리가 원하거나 필요할 때마다 가장 적합한 문헌을 항상 손에 쥘 수 있다면 "정보 폭발"은 문제가 되지 않을 것이다. 그렇지만 그런 일은 절대 일어날 것 같지 않다. 우리는 그 문헌을 찾아야 할 필요가 있고, 오직 적절하고 유용한 방식으로 문헌들이 배치되어 있는 경우에만 그 일이 현실이 될 것이다. 이미 식별된 문헌을 찾는 것은 실천적이고 기술적인 과제다. 그런데 어떤 문헌이 가장 적합한지를 발견하는 것은 또 다른 더 큰 도전이다. 보통 이 일은 수집물을 형성하고 그런 다음 형성된 수집물을 탐색하는 두 단계로 이루어진다.

수집은 사용뿐만 아니라 보존을 위해서도 필요하다. 수집물

"

만약

우리가 원하거나 필요할 때마다

가장 적합한 문헌을 항상 손에 쥘 수 있다면

"정보 폭발"은 문제가 되지 않을 것이다.

그렇지만 그런 일은

절대 일어날 것 같지 않다.

"

을 조직하는 것은 규모가 커짐에 따라 점점 더 어려워진다. 한두 개 항목이라면 조직화가 필요하지 않겠지만, 그 수가 수백 또는 수천으로 증가하면 각각이 무엇인지 어디에 있는지 신속하게 기억하는 것은 비현실적인 일이 된다. 이러한 과제는 서술과 배치description and arrangement, 즉 비공식적으로 표시하기와 놓아두기marking and parking로 부르는 보완 절차를 통해 처리된다. 서술하는 일은 어려울 수 있고 절대로 장래의 필요 모두를 예상할 수는 없다. 조직화를 위한 기본적인 기제는 매칭matching인데, 문헌에 서술을 부여하고 그 서술과 조회를 매치한다.

수집

우리는 사용을 통해 기대되는 가치와 앞으로 필요할 가능성의 조합에 근거해서 원하는 것을 수집한다. 수집은 네 가지 상당히 다른 목적에 기여한다.

1. 보존
어떤 기록도 적어도 사본 하나가 남지 않으면 증거가 소멸된다. 일반적으로 마지막 사본은 어느 것도 대체 불가능한 자원이고, 그래서 심지어 앞으로 사용되리라고 예상되지 않더라도 보유하는 것이 신중한 태도이다. 유감스러운 손실이 있었다. 많은 고대 그리스의 연극과 많은 초기 무성영화가 살아남지 못했다. 기록은 또한 세금 청구를 정당화하는 것 같은 실질적인 이유 때문에 필요하다. 컴퓨터 파일의 백업을 놓쳐 후회해보지 않은 사람이 누가 있겠는가?

2. 제공과 수요

수집을 하는 또 한 가지 상당히 다른 이유는 언제 그리고 얼마나 자주, 어떤 항목이 요구될지 모르긴 하지만 어느 정도는 예측할 수 있고 그에 따라 행동할 수 있다는 데에 있다. 수집의 가장 으뜸가는 이득은 그 사용에 있다. 그래서 사용할 일이 일어나기를 바라는 한 수집이 ─ 그 수집물 소유주의 목적과 양립될 수 있는 것으로서 ─ 수요의 양상에 더 밀접하게 부응하면 할수록 이득이 더 커진다.

　보존과 제공의 차이는 도서관의 인쇄된 책 수집에서 매우 분명해진다. 어떤 두 도서관도 수집이 절대로 동일하지는 않지만 대체로 유사한 임무를 가진 도서관(예컨대, 대학 도서관 또는 지자체의 공공 도서관)은 비슷하게 장서藏書를 개발하는 경향이 있는데, 그 도서관들이 유사한 관심이 있는 공동체들을 위해 봉사해서 그렇다. 이는 적절하다고 볼 수 있는데, 왜냐하면 도서관의 장서에 이용 가능한 인쇄본이 포함되어 있는지 여부는 서비스의 질을 좌우하는 문제이기 때문이다. 만약 전국적으로 각 판본의 사본 가운데 오직 두세 권만이 보존용으로 보관되고 나머지는 모두 폐기된다면, 도서관의 장서 대부분이 사라지고 도서관은 임무에 실패하게 될 것이다.

3. 진열

때때로 명시적인 수요와는 어느 정도 무관하게 설명 목적으로 대표적인 견본을 보유하는 것이 도움이 된다. 판매 목록은 판매자가 제공하는 것의 대부분 또는 모두를 보여준다. 박물관은 미술 학파 또는 동물종의 다양함을 대표하는 견본을 보유하고 싶어 한다. 사서는 진열대에 "균형 있는" 장서를 제공하려는 노력을 통해 새롭거나 보통 들여다보지 않을 책과 관점을 독자가 알아차릴 수 있도록 한다.

4. 자산

보존, 제공, 진열의 역할만으로 수집 활동이 완전하게 설명될 수는 없다. 수집은 자산이라는 관점에서도 들여다볼 수 있다. 완벽한 도서관 및 박물관 수집물은, 심지어 (그런 수집물을 구비하기 위해 집행한) 고비용을 (사람들의) 이용을 통해 보전받지 못하더라도, 예외적으로 해당 기관의 명성을 고양한다. 다른 경우를 보면, 스캔된 , 녹음된 음악, 판매 기록, 교통 유형 같은 수집물도 자산이 되어 전략적인 통찰을 지원하거나 판매와 서비스를 통해 수익을 산출한다.

이처럼 수집의 네 가지 역할은 서로 독립적이지 않다. 그 역할끼리 투자를 위해 경쟁하며 또한 다른 방식으로도 갈등을 일으킬 수 있다. 제공하는 역할은 사용을 위해 고안된 것이지만, 사용은 보존하는 역할에는 해롭다. 도서관의 수집 발전 정책에서는 보통 제공하는 역할(예상되는 수요를 충족)과 진열하는 역할(사서가 사용자에게 좋으리라고 여긴 자료를 공급) 사이에 상충이 있는 것으로 간주된다. 진열하는 역할은 가부장적으로 보일지도 모른다. 그렇다. 진열하는 역할은 공동체가 이용 가능한 선택을 더 많이 인지할 수 있도록 촉진하는 도서관의 봉사 임무를 반영한다. 타인의 이득을 위해 수집이 이뤄지는 도서관 측면에서 보면, 이는 독자를 위해 무엇이 가치 있는가와 도서관 이용자가 무엇을 요구하는가 사이를 절충하는 일이다.

배치와 목록

문헌의 증가가 불가피해짐에 따라 문헌을 배치하고 서술하려는 노력이 만연하게 되었고 그러한 관리 활동을 가리키기 위해 다양한 용어(선택, 수집, 배치, 색인 등등)가 사용되었다. 서지학

bibliography, 문헌화documentation, 정보과학information science은 각각 넓은 의미에서 그 분야를 묘사하기 위해 사용되었고 수많은 기타 용어가 전문적인 영역을 위해 활용되었다.

수집된 문헌을 배치할 수 있지만 어떤 단일한 배치도 모든 필요에 적합하지는 않을 것이다. 주제별 배치는 저자별 탐색에 장애일 것이고 그 반대도 마찬가지다. 실질적인 해결책은 문헌을 간략하게 대변하도록 배치하고 다양하게 추가로 배치하는 것이다. 달리 말하면, 우리는 수집물에 대해 다양한 색인을 만들어낼 수 있다. 각 색인(목록)은 그 자체로 또한 하나의 수집물이며, 문헌의 서술에 관한 수집물이다.

목록으로 만들어진 문헌은 저자별·날짜별·제목별·주제별 등과 같이 다양한 방식으로 배치될 수 있다. 따라서 목록을 통해 다양한 표현에 부응하는 다양한 배치 대안이 경제적으로 가능하다. 이러한 활동을 나타내는 전통적인 용어가 서지학이다. 보통 서지학을 목록으로 생각하지만 목록은 복잡한 방식으로 배치될 수 있다.

수집물을 조직하는 것은 규모가 커짐에 따라 점점 더 어려워진다. 한두 개 항목에는 조직화가 필요하지 않겠지만, 그 수가 수백 또는 수천으로 증가하면 각각이 무엇인지 어디에 있는지 신속하게 기억하는 것은 의도적이고 시스템적인 배치가 없다면 금세 비현실적인 일이 된다. 가장 훌륭한 것을 찾았다는 점을 확실하게 하려면 모든 것을 하나하나 조사해야 할 필요가 있을지도 모른다. 만약 그 수가 백만 단위로까지 확대된다면 어렵다는 점이 명백해질 것이다. 이러한 도전은 배치와 서술을 통해 처리될 수 있다.

서술

문헌에는 보통 서술이 필요한데 문헌을 바라보는 것만으로 문헌의 특징이 분명해지지 않을 수 있고, 문헌을 볼 수 있도록 준비되지 않을 수도 있으며, 추가된 서술로 인해 더 훌륭한 선택 근거를 얻을 수 있다는 데 그 이유가 있다. 예를 들어, 어떤 책을 바라보는 것만으로 최신 개정판이 출간되었다는 것을 알 수는 없지만 서술을 통해 그에 대한 주석을 달 수 있고, 유사한 서술은 유사한 문헌을 서로 연결시키는 데 사용될 수 있다. 이러한 서술을 가리키는 일반적인 용어가 메타데이터인데, 즉 문헌에 관한 데이터 좀 더 일반적으로는 데이터에 관한 데이터이다.

사서는 목록에 있는 문헌에 대해 서술하며, 또한 구분되어 책장에 배치된 문헌을 통해 서술한다. 어떤 맥락에서도 문헌에 주제명을 부여하고 명명된 주제별 목록에 문헌을 할당하는 것이 중심이다. 로버트 페어손Robert Fairthorne의 다채로운 용어에 따르면 다음과 같다.

> 모든 검색 시스템에는 어떤 종류의 표시가 필요하다. …… 식별할 수 있는 어떤 방법 — 그림 그리기, 구멍 뚫기 — 을 통해 대상을 본질적으로 바꿔서 표시할 수 있다. 나는 이것을 "새기기inscribing"라고 부른다.
> 또한 위아래를 바꾸어 두거나, 한쪽에 놓아두거나, 분류함에 넣어 두는 등의 환경 변화에 따라 대상이 변할 수도 있다. 나는 이것을 항목 "주문하기ordering"라고 부른다. 덜 공식적인 맥락에서 더 좋은 용어는 "표시하기marking"와 "놓아두기parking"이다(Fairthorne, 1961: 84~85).

명칭(표시)은 수집물의 이용을 위해 필수적이다. 명칭은 불가피하게 언어적인 표현이고 우리가 보게 될 것이지만, 우리의 통제를 벗어나는 긴장과 어려움을 만들어낸다.

문헌에 대한 서술은 세 가지 역할을 한다.

1. 서술은 문헌을 특징짓는데, 어떤 종류의 문헌인지, 무엇에 관한 것인지, 어디에서 왔는지 등을 말해준다.

2. 서술은 또한 어떤 문헌을 대변할 수 있는데 문헌의 대체물 역할을 하며 어떤 목적을 위해서는 가끔 그것으로 충분할 수 있다. 예를 들면, 참고문헌이나 도서관 목록의 항목은 불완전한 인용을 검증하기에 충분할 수 있다.

3. 서술은 또한 문헌 사이의 관계를 보여준다. 만약 두 문헌의 저자가 동일하다고 서술된다면, 이 두 문헌은 공통 저자에 의해 연결된다. 예컨대 두 문헌이 몰타에 대해 서술된다면, 그 두 문헌은 주제로 연결된다. 전통적으로 성질을 공유하는 항목을 세트sets라고 서술했다. 점차 그 관계는 네트워크networks 또는 그래프graphs로 서술되었고 공통 속성은 링크links로 서술되었다.

서술의 목적은 식별과 선택을 가능하게 하는 것이다. 선택은 사용 목적에 의존하고 모든 목적이 완전하게는 예측될 수 없으므로, 서술의 실행은 지원하기로 의도된 목적, 예상되는 사용 유형과 비용 사이의 절충이 될 수밖에 없다. 다음은 서술에 관련된 중요한 요구 사항이다.

1. 문헌의 증거로서의 중요성 서술. 텍스트, 데이터 세트, 대상은 무엇에 관한 것인가? 텍스트는 무엇을 말하는가? 데이터는 무엇을 묘사하는가? 대상은 무엇을 보여주는

"

서술의 목적은

식별과 선택을 가능하게 하는 것이다.

"

가? 누가 만들었는가? 무엇에 좋은가? 어떤 가상의 필요 때문에 그 수집에 포함되었는가?

2. 문헌에 대한 물리적인 서술. 어떤 물리적인 매체 — 인쇄된 책, 디지털 텍스트 파일, 생물학적 견본 — 인가? 24권, 엑셀 스프레드시트, 건조압축 식물, 캔버스 유화 등과 같이 구체적인 내용이 유용할 수 있다.

3. 행정적인 실질. 사본은 현재 어디에 있는가? 사용 조건은 무엇인가? 소유권과 지적 재산권은 누가 가지고 있는가?

서술의 종합("메타데이터")에 대해서는 7장에서 더 깊게 논의하겠다.

그리 쉽지 않다!

두 가지 사례를 통해 배치와 서술의 과제를 구체적으로 보여줄 수 있다.

동전 배치하기

오래된 것과 새로운 것이 모두 들어 있는 외국 동전 한 상자를 가지고 있다고 가정해보자. 어떻게 그것을 배치할 것인가? 명백하고 실질적인 출발은 동전을 발행 국가 기준으로 분류하는 것이 될 것이다. 또 다른 유용한 구분은 여전히 법적으로 통용되는지 여부일 것이다. 유로화 채택으로 많은 나라의 화폐가 대체되었다.

또 다른 실질적인 방안은 동전의 가치를 안다는 전제 아래 수집자 입장의 가치를 기준으로 동전을 분리하는 것이다. 또한 당연히 상태에 따라 분류될 것이다("새것", "양호" 등등). 무게, 크기, 두께, 발행일, 수집일, 금속 재질 등도 기타 타당한 배치 기준이 될 것이다.

시각적인 기준의 배치에는 모양이 있다. 모든 동전이 둥근 모양은 아니어서 어떤 것에는 구멍이 있고, 어떤 것은 가장자리가 깎였고 어떤 것은 그렇지 않다. 많은 동전에는 초상이 있는데 어떤 것에는 산 사람 어떤 것에는 죽은 사람이 있고, 어떤 것에는 신화적이거나 상징적인 인물이 있다. 많은 동전이 동물이나 식물을 묘사하고 있다. 동전에 쓰인 문자나 언어를 기준으로 분류할 수도 있다. 동전 배치의 더 많은 방법을 상상하는 것이 가능하지만, 이 정도로도 다음의 결론을 끌어내기에 충분하다.

1. 우리는 배치 방법 하나를 선택해야 할 필요가 있다. 동전은 쉽게 두 가지 방법 이상으로 동시에 배치되지 않으며, 동전을 재배치하는 것은 지겨운 일이 될 것이다.

2. 그렇지만 동전에 대한 서술은 훨씬 더 쉽게 다양한 방법으로 배치될 수 있다. 동전 자체는 정해진 순서에 따라 또는 심지어 무작위로 배치될 수 있는데, 각 동전에 대한 서술은 큰 비용을 들이지 않고 원하는 만큼 많이 다양하게 배치될 수 있다. 각 서술은 다른 배치를 위해 사용되며 거기에는 서술 자체가 불충분하거나 동전 자체의 검사가 필요할 때를 위해 원래 동전의 위치를 가리키는 표시pointer가 있다. 이것이 도서관이 작동되는 방식이다 ― 책은 보통 주제 분류표에 따라 책장에 진열되고, 다른 유용한 배치를 위해 목록에 추가 항목이 만들어진다. 즉, 어떤 하나는 각 책의 각 저자별, 다른 하나는 각 표제별, 더 나아가 각 주제명 표목 subject headings별로 배치된다. 각 목록 기록에는 책장에서 책이 있는 위치를 나타내는 번호가 있다. 이는 저자별·표제별·주제명 표목별 배치를 추가하기 위해 추가로 책을 확보하거나, 또 다른 배치가 요구될 때 책 자체를 재배치하는 것보다 분명히 비용이 적게 드는 방식이다.

3. 우리는 선택적일 필요가 있다. 모든 상세한 추가 서술과 각각의 배치에는 노력이 필요하고, 모든 배치가 똑같이 유용할 것 같지는 않다. 그것은 수집의 목적과 그 수집물을 이용하게 될 사람의 가장 중요한 요구와 필요에 달려 있다. 예상하지 못한 배치 원칙이 요구된다면 ― 아마도 여

성의 초상이 있는 모든 동전 — 여전히 모든 수집물을 하나하나 검색해야 할 수도 있다.

4. 우리는 절대로 충분히 알지는 못한다. 앞으로 어떤 배치가 필요할지 안다고 확신할 수는 없다. 그 금속이 무엇인지 모를 수 있으며 아마 합금일지도 모른다. 저자의 명칭이 가명일지도 알 수 없다. 어떤 금속 토큰이 정말로 동전으로 간주되어야 하는지 불확실할지도 모른다.

사람에 대한 서술

동전에 대한 우리의 논의는 배치에 집중되었다. 서술의 어려움을 분명히 보여주기 위해 교제 또는 중매 서비스 용도로 사람에 대한 데이터베이스를 설계하는 것을 고려해보자. 나이, 성별, 주소, 신장, 만약 있다면 직업과 같은 어떤 요소는 상대적으로 간단하다. 그렇지만 이러한 요소만으로 충분하지 않고 심지어 가장 중요한 요소일 것 같지도 않다. 조회하는 사람은 기대하는 상대방이 잘 공감하는 성격인지, 유머 감각이 있는지, 양립할 수 있는 영성靈性, spirituality을 지녔는지에 대해 알고 싶어 할 것이다. 어떻게 이러한 성질을 규정하고 대변하고 측정할 수 있는가? 우리의 평가를 얼마나 확신할 수 있는가? 이 사례는 요소가 중요할수록 유용한 가치를 표현하기에 더 어려운 것처럼 보인다. 또한 서로에 대해 이러한 차이가 얼마나 중요한

가? 후보 각자는 복합적인 성질의 복잡한 조합이다.

배치와 서술에는 각각 다른 과정과 결과가 있다. 주제가 경제학인 각 책에 "주제: 경제학"이라는 서술을 부여할 수 있고, 혹은 "경제학"이라고 딱지를 붙인 책장에 경제학에 관한 모든 책을 배치할 수도 있다. 그렇지만 실질적인 효과는 본질적으로 같다. 이러한 의미에서 배치와 서술은 기능적으로 동일하며 원칙적으로 대체 가능하다. 첫 번째 경우에는 책이 어떻게 배치되어 있든 서술은 배치를 따르고, 두 번째 경우에는 관계가 반대인데, 책은 — 또는 적어도 책에 대한 표시는 — 서술이 어떤 순서로 되어 있든 서술에 따라 배치된다.

서술 생성하기

서술이 실제로 어렵기 때문에 모든 배치와 서술의 실행 시스템은 탐색하는 사람 입장에서 보면 항상 어느 정도 미완성이거나 불완전할 것이다. 결정과 어려움이 무엇이든 그 결과는 다음의 일반적인 형태로 나타난다. 대상(예컨대, 동전)이 어떤 속성(예컨대, 무게)이 있고 어떤 가치를 수반한다(예컨대, 5g). 예를 들면 다음과 같다.

서술의 비용과 어려움을 감안하면, 문헌이 자신에 대해 서술

대상	속성	가치
사람	나이	45
책	주제	경제학
집	침실	3

할 수 있다면 매우 편리할 것이고, 서술되어야 할 문헌이 증가할수록 더욱 그럴 것이다. 실제로 이것은 문헌의 물리적인 측면을 기계적으로 추출하는 문제이다. 텍스트 문헌은 이러한 접근에 적합한데, 왜냐하면 텍스트에 있는 단어가 텍스트의 논의를 반영하기 때문이다. 이것은 대용량 텍스트 파일에 대해 특히 웹에서 적용 가능한 유일한 접근 방법이 되었고, 7장에 기술한 바와 같이 웹 탐색 서비스의 기초적인 기제이다.

이러한 용어 색인concordance 접근 방법은 텍스트를 탐색하는 데 대단히 경제적이지만 여기에는 일부 약점이 있다. 단어는 간단하게 단지 일련의 문자로 취급되므로 어떤 의미도 포함되지 않는다. 철자는 같지만 의미가 다른 단어(동음이의어)인 bank(금융기관), bank(강둑), bank(경사면)는 동일한 일련의 문자이기 때문에 구별되지 않는다. 동일한 의미를 지닌 다른 단어(fiddle과 violin 같은 동의어)는 연결되지 않는다. 그래서 일부 부적합한 문헌이 검색될지, 일부 적합한 문헌이 검색되지 않을지 알 수 없다. 여러 가지 조정이 가능하다. 유용하리라고 생각되지 않는 단어(예컨대 a, the)의 "중지 목록"은 색인으로 만들어지지 않는다. 철자가 다르지만 의미가 동일한 단어(동의어)를 연결하고, 동일한 철자이지만 다른 의미를 가진 단어(동음이의어)를 구별하고, 잘못된 철자를 바로잡고, 더 야심차게 다르지만 유사하거나 적합한 단어를 보여주기 위해, 여러 수단을 취할 수 있다.

대부분의 선택 시스템이 조회query에 매치되는 모든 문헌을 검색하도록 설계되었지만 탐색하는 사람이 그 모두를 원하는 경우는 드물다. 보통은 매치되는 문헌 어느 하나 혹은 두셋 혹은 최근 문헌 혹은 최고最古 문헌이면 충분하다. 일반적으로 조회와 수집물이 무엇이든 간에 부적합한 정도가 가장 덜한 것을 최소한으로 제공하는 것이 최선이 될 것이다.

기본적인 기제

기본적인 기제는 간단하다. 색인은 대상, 속성, 가치의 관계를 뒤집는("도치하는") 것에 의해 작동한다. 문헌에 주제 서술어descriptor를 붙이는 대신, 주제 서술어에 문헌이 붙는다. 예를 들어, 책 1의 주제가 "경제학"이고 책 2의 주제가 "코끼리"이며 책 3의 주제 또한 "코끼리"라고 할 때, 이 진술을 뒤집으면 "경제학"은 책 1로, "코끼리"는 책 2와 책 3으로 이어진다.

조회

탐색하는 사람은 조회할 내용에 대해 표현할 필요가 있는데, 조회는 특정한 색인 항목으로 이어지고, 색인 항목은 특정한 책으로 이어진다.

더 일반적으로는 〈그림 4.2〉와 같다.

당연히 몇 가지 결과가 만들어진다. 즉, 성공하려면 각 조회는 최소한 하나의 색인 항목에 연결될 필요가 있고, 만약 발견된다면, 각 색인 항목은 최소한 하나의 적절한 문헌에 연결될 필요가 있다.

〈그림 4.1〉 조회, 서술, 대상

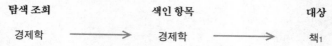

탐색 조회	색인 항목	대상
경제학	경제학	책₁

〈그림 4.2〉 조회를 색인 항목에, 색인 항목을 문헌에 매치하는 다중 연계

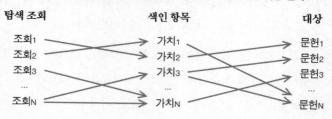

요약

필요한 문헌을 발견하고 필요할 때 사본을 획득하는 문제는 수집물 형성하기, 서술 생성하기, 배치하기를 통해 처리된다. 즉, 표시하기와 놓아두기를 통해 이루어진다. 목록은 가상의 수집물이다. 성공적인 탐색은 서술과 배치가 그 목적에 얼마나 적절한지에 의존한다. 서술하기는 언어활동인데, 다음 장에서 탐구한다. 이어지는 장에서는 서술의 구성, 매칭 기법, 탐색 결과의 평가에 대해 논의한다.

5

명명(命名)하기

❖

발견 작업은 문헌에 부여된 서술과 그 문헌이 배정되는 명명된 범주에 크게 의존한다. 명명은 언어 행위이며 따라서 본질적으로 문화 행위다. 여기에서는 소장 문헌에 관한 서술에 포함된 쟁점, 긴장, 절충에 대해 간략하게 소개한다. 분류 기호notation는 부호code이거나 평범한 단어일 수 있다. 만약 관련된 단어가 연계link된다면 검색은 훨씬 더 신뢰할 만할 것이다. 복잡한 주제에 대해서는 용어의 결합이 필요할 것이고 상황에 따라 필요한 상세함의 정도가 달라질 것이다. 명명은 향후 탐색을 위해 이미 정착된 용어에 의존한다. 그렇지만 여기에서 문제가 발생하는데, 왜냐하면 언어는 끊임없이 변하고 새로운 개념에는 새로운 명칭이 필요한데 새 명칭이 명명된 초기에는 종종 신뢰할 수 없기 때문이다. 시스템은 오직 물리적인 표시 – 실질적으로는 의미가 아닌 언급 – 에 의존해서만 작동할 수 있다. 언어가 문화적이기 때문에 문화의 변화는 명칭의 의미뿐만 아니라 수용에도 영향을 미칠 수 있다.

주제 서술

일단 문헌이 수집되면 문헌에 대한 조직된 방식의 접근이 가능해야만 한다. 예를 들어, 사서는 목록에 있는 문헌에 대해 서술하고, 또한 책장에 주제별로 분류해 배치하는 것을 통해 서술하기도 한다. 주제의 명칭을 문헌에 부여하고 문헌을 명명된 주제 범주에 배정하는 것이 중심이다.

소장 문헌을 찾을 수 있으려면 명칭(표시)이 필수적이다. 명칭은 필연적으로 언어적인 표현이며, 우리가 보게 될 것처럼 긴장과 어려움을 만들어낸다. 도서관은 기록된 지식에 관련된 문화 기관으로 그 사명은 연구(더 많이 알기)와 교습(이해의 공유) 모두를 포함한 학습을 지원하는 것이다. 도서관은 학습, 지식, 이해, 믿음을 진전시키기 위해 존재한다. 그러나 사람들이 아는 것, 알고 싶어 하는 것, 다른 사람들이 배우거나 쓴 것에 관한 것 모두는 기계적인 취급을 제한한다. 만약 그렇지 않다면, 지식 관리는 데이터 처리로 축소될 것이다.

자신의 관심에 적합한 문헌을 탐색하는 사람은 필요한 것을 시스템의 용어에서 찾아야만 한다. 사용자의 관심과 어휘를 예측하고자 하는 정보 서비스 제공자와 이용하고 있는 목록, 분류, 참고문헌에 있는 범주 명칭을 이해하고자 하는 사용자 사이에는 협조가 있거나 있어야만 한다. 심지어 제한된 어휘나

듀이십진분류법처럼 인위적인 분류 기호가 사용된다고 하더라도 모든 서술은 언어활동이다. 서술은 항상 그리고 필연적으로 문화에 기초하는데 왜냐하면 서술은 공동체에서 발전된 개념, 정의, 이해에 근거하기 때문이다.

이러한 명명하기(서지학적 서술)에는 규칙이 있다. 출판 사항(어디에서 누가 출판했는가), 대조 사항(문헌의 물리적인 특징), 적절한 명칭(저자, 기관, 장소), 기타 문헌의 속성을 표현하는 국제적인 규칙의 표준화가 1세기 넘게 점진적으로 진행되었다. 그렇지만 사서와 도서관 이용자 모두에게 진짜 어려움은 무엇에 관한 문헌인지 서술하는 것과 주제를 명명하는 것인데 이는 보통 두 단계의 과정으로 제시된다. 먼저, 목록 작성자는 어떤 개념에 관한 것인지 결정하기 위해 문헌을 조사하며, 그러고 나서 해당 개념을 표현하기 위해 특정 어휘의 용어(언어적 표현)를 할당한다. 논문은 첫 번째 과정에 관해서는 언급이 별로 없고 두 번째 과정에 집중한다. 연구에 따르면, 색인 작성자가 다를 경우 보통 동일한 문헌에 다른 색인이 배정되며, 동일한 색인 작성자도 시점에 따라 동일한 문헌에 다른 색인을 배정한다.

주제 명명을 위한 문헌용 언어

주제별 분류, 주제별 표목 목록, 시소러스thesauri, 온톨로지on-tologies 등과 같이 무엇에 대한 문헌인지 표현하기 위한 다양한 방법이 있다. 이 모두를 포괄하는 전통적인 포괄 용어가 문헌용 언어documentary language이다. 각 형태를 모두 검토할 필요는 없지만 각 형태를 변하게 만드는 네 가지 차원에 대해 살펴보겠다.

분류 기호

서술을 만들어내는 간단하고 대중적인 방식은 자연언어를 사용하는 구어적인 접근법이다. 그렇지만 일상 어휘를 사용하는 데에는 약점이 있으며, 만들기 쉽다는 점이 효율적인 사용으로 이어지는 것도 아니다. 자연언어 어휘의 다양성과 가변성에 따라 예측할 수 없는 결과가 초래된다. violin과 fiddle 가운데 어느 것을 찾아야 하는가 아니면 둘 다 찾아야 하는가? 자연언어의 변이는 이어지는 설명처럼 제한된("통제된") 어휘의 채택을 통해 완화할 수 있다.

자연언어의 단어가 그 자체로는 유용한 방식으로 정돈되지 않는다. 알파벳 순서에 따르면 관련된 의미가 아니라 우연한 철자에 의해 배치가 결정된다. 인도의 도서관학자 랑가나탄

Ranganathan(1951: 34)은 "배치를 위한 분류 명칭에 자연언어가 사용된다면 유용한 순서를 얻지 못한다. 실제로 그 명칭들은 가장 쓸모없고 혼란스러운 순서에 따라 흩어지게 될 것이다. 그것에 따르면 algebra(대수학), anger(화), apple(사과), arrogance(오만), asphalt(아스팔트), astronomy(천문학)와 같은 순서가 될 것이다"라고 썼다. 또한, 자연언어의 색인은 보통 오직 단일 언어로만 생성된다.

이러한 문제는 모두 서술용 명칭의 바람직한 배치를 달성하기 위해 설계된 인공적인 분류 기호(듀이십진분류법 같은)를 사용해 해결할 수 있는데, 이를 통해 자연언어의 색인은 원하는 만큼 다양한 언어의 분류 숫자로 이어진다. 글자, 숫자, 기타 상징과 같은 인공적인 분류 기호로 되어 있다는 것이 더 이상 언어가 아니라는 점을 의미하지는 않는다. 그것은 하나의 인공적인 언어이며 또한 다음에 거론되는 노후화와 관점이라는 문제에서 면제되지도 않는다. 예컨대 그것은 인공적으로 구축되고 제한된 언어가 사용되는 식물학적·화학적 명명법과 동일한 방식이다.

어휘 통제

일상 언어는 단수형·복수형, 다양한 철자, 동의어·반의어와 같은 다양성이 특징이다. 동일한 주제가 여러 명칭에 배정될 수 있고 무한한 방법으로 표현될 수 있다("무한한 기호현상"). 그래서 동일한 주제의 문헌이 여러 다른 표목으로 분산될 수 있다. 탐색하는 사람이 일부는 찾지만 다른 일부는 못 찾을지 모른다. 표준적인 해법은 "어휘 통제"인데, 예컨대 여기에서는 명칭 가운데 violins가 "우선"되며 배타적으로 사용된다. 일반적으로는 사용되지만 "비우선" 용어는 오직 우선 용어를 가리키기 위해서만 탐색하는 사람에게 나열된다. 예를 들면, fiddles는 violins 참조가 있다. "전거典據, authority 파일", 즉 우선 용어와 비우선 용어를 신중하게 구분한 목록이 편찬되어 준수된다.

어휘 통제를 통해 동의어, 준-동의어, 반의어, 이형異形 철자를 처리할 수 있다. 정확한 동의어는 상당히 드물고 준-동의어는 빈번하다. 예컨대 새birds와 **조류**ornithology는 밀접하게 연결되어 있지만 아주 동일한 단어는 아니다. 그렇더라도, 새에 관심이 있는 누군가는 조류ornithology라는 명칭을 검색할지 모르고 반대도 마찬가지다. 준-동의어에는 무엇을 결합할지 무엇을 분리할지에 대한 끝없는 상황 판단이 요구된다.

실제로 어휘 통제는 ("~도 참조")와 같은 방식으로 위계적인 관계와 기타 관계까지 확장된다. 어휘 통제는 의미를 넘어 기능적인 관계까지 확장되어서 이러한 종류의 어휘 목록이 전통적인 사전과는 구별된다. 예컨대 바이오 가스biogas, 돼지 거름 pig manure, 부레옥잠water hyacinths은 서로 매우 다르지만, 돼지 거름과 부레옥잠이 바이오 가스를 만드는 주요한 성분이기 때문에 바이오 가스에 관심이 있는 사람은 다른 둘에도 관심을 가질 가능성이 크다. 그래서 바이오 가스와 다른 둘 사이 양방향에서 '~도 참조'가 만들어지는 것이 타당해진다.

조정

많은 문헌이 복잡한 주제에 관련되기 때문에 적어도 범위를 나타내는 문구가 필요하다. 간단한 방법 하나는 어떤 순서를 따르든 의미를 구성하는 데 필요한 용어를 단순히 나열하는 것이다. "장애 아동의 부모"에 관한 문헌에는 세 가지 용어가 있다. 즉, 세 개의 키워드는 아동, 장애, 부모다. 또한 "장애 부모의 아동"에 관한 문헌도 마찬가지로 동일한 키워드로 검색될 것이고 검색 결과가 상대적으로 적어서 검색된 조합을 보고 알아차리지 못할 수 있다. 컴퓨터는 쉽게 키워드 탐색을 처리할 수 있지만 초기의 목록카드 기술로는 할 수 없었다. 즉, 그러한 조합은 목록으로 만들 때 용어를 구분하고 용어 사이의 관계를 표현하기 위해 약간의 구문론을 사용해서 "사전-조정"이 되어야만 했다. 미국 의회도서관에는 장애 부모의 아동과 장애 아동의 부모라는 두 가지 상당히 다른 주제명 표목이 있는데 문법적인 구절로 구성되었기 때문에 검색하는 사람이 혼동하지는 않는다. 이는 간단한 경우다. 상당히 정교한 표목을 생성하기 위해서는 구문론의 규칙이 사용되는데 주요 용어가 점차 그 표목에서 적격이 된다. 즉, **백병전, 동양의, 영화에서**hand-to-hand fighting, oriental, in motion pictures와 같이 복잡한 구절로서, 또는 신-지혜-교리의 역사-초기 교회, 약 30~600-총회God-knowableness-history of doctrines-early church, ca.30~600-congresses와 같이 연쇄적인 적합성으로서 적격 용어가 되었다. 후자는 용어의 위치에 따라 문법이 표현되는 단일한 주제명 표목이다. 영어를 사용하는 사람은 형용사가 수식하는 명사 앞에 온다는 것에 익숙하기 때문에 몇몇 접속사와 전치사를 추가하고 용어의 순서를 바꿔 읽으면 훨씬 자연스러울 것이다. "약 30~600년의 신의 지혜에 관한 초기 교회의 교리 역사 총회Congresses on the history of doctrines on the early church, ca 30-600, concerning the knowableness of God"처럼 말이다. 다행스럽게도 분류 체계의 인공적인 표기법에서는 숫자와 글자의 사용을 통해 정교하게 주제가 조정되어 훨씬 더 간결하게 표현된다. 이러한 방식으로 주제를 명명하기 위한 모든 문헌용 언어에는 가장 간단한 것을 제외하면, 어휘뿐만 아니라 문법도 있다.

정밀도

하나 또는 매우 적은 문헌으로 구성된 수집물에는 목록이 필요 없다. 극단적으로 다른 경우인데, 모든 주제를 구분하기 위해 모든 세부 사항을 구별하는 것은 번거로운 일이 될 것이다. 수집물이 수백만인 경우, 기록의 홍수가 아니라 간결함을 얻기 위해 요구되는 정밀도fineness를 달성하려면 매우 상세한 서술이 필요할 것이다. 실제로 주제 색인의 상세함은 상황에 달려 있고 또한 각 주제에 얼마나 많은 서로 다른 항목이 해당하는지에 의존한다.

시간과 명명

명명은 미래 지향적이다

주제의 색인은 서술을 적합하게 만드는 문제로 공식화할 수 있다. 도전 과제는 어떤 목적이든 그 목적에 가장 적절한 문헌을 식별하고 선택하는 데 기여하는 서술을 만들어내는 것이다. 정의에 따르면 색인 작성자에 의해 사용되는 서술은 향후의 이용을 위한 것이다. 이는 잠재적인 필요와 미래 지향적인 방식의 서술(명명)에 관해 고민할 것을 요구한다. 그렇게 하려면 색인 작성자는 의식적이건 무의식적이건 간에 장래의 이용에 관해 어떤 정신적인 서사를 구축해야 하고 또한 취급하는 문헌에서 장래의 필요와 관련이 될 수도 있는 어떤 줄거리를 구축해야 한다. 그것은 단순히 무엇에 관한 문헌인가의 문제가 아니라 그 문헌이 예상되는 미래에서 어디에 유용할 것인지에 관한 문제이다. 공동체에, 그리고 목적, 사고방식, 용어에 친숙해야 한다는 것은 효율적인 색인 작성자에게 중요한 요구 사항이다. 베사 수오미넨Vesa Suominen은 "무엇이 훌륭한 사서를 만드는가?"라고 묻고, 언어학자 페르디낭 드 소쉬르Ferdinand de Saussure의 생각을 바탕으로 "빈 공간을 채우는 것"이라고 답했다. 훌륭한 사서란 각 도서관 이용자의 필요에 관련된 도서를 효율적으로 배치하는 사람이다. 문헌, 도서관 이용자, 요구하는 사람이 너무 많고 상당히 불안정하기 때문에 그 과업이 더 어렵지만 그렇다고 해서 원칙이 훼손되지는 않는다. 수잰 브리트는 이러한 미래 지향적인 입장의 생각을 확대하여 사서의 이미지를 사냥꾼(탐색하는 사람)에게 인도받는 사냥개에, 그렇지만 미리 전망하면서 사냥꾼에게는 보이지 않는 사냥감을 가리키는 역동적인 협조자에 비유했다. "정말로 앞장서서, 인도받고 그리고 인도하는 사냥개와 같다."

명명은 과거 지향적이다

그렇지만 미래 지향적인 노력은 서술(명명) 과정에 따라 영향을 받는다. 주제별 서술은 무엇에 관한 문헌인지 명명하고 요약하는 문제이다. 주제명 표목을 부여하는 것은 무엇에 관한 문헌인지 극단적으로 요약하는 것이다. 그렇지만 실제로 "~에 관한

것"이 의미하는 바는 무엇인가? 주제명 표목이 주제나 개념을
대변한다는 진술은 유효하지만 도움이 되지 않는데, 왜냐하면
그런 진술은 단지 다른 명칭을 가리키는 것이고 설명이 아니기
때문이다. 주제명 표목이 (따라서 문헌이) 무엇에 "관한" 것인가
라는 설명은 색인 용어가 파생된 담론에서 획득되어야 한다.
문헌에 배정된 주제별 서술에서 이 담론(문헌)은 저 담론(논문,
논쟁, 대화)과 연계된다고 말해지는데, 이는 주제별 서술이 변함
없이 과거에 기초한다는 의미이다. 이와 비슷하게, 도서관 이
용자는 주제를 원하는 것이 아니라 담론(진술, 서술, 설명 - 또는
적어도 무엇이든 궁금한 것에 대한 논의)을 원한다. 그렇게 주제명
표목은 과거의 담론에서 중요성을 획득한 주제를 표현한다.

　　의미는 사용을 통해 정립되며 그래서 항상 과거에 의존한다.
그렇다면 색인 작성자는 과거에 의존해 서술을 만들어내고 있
지만 또한 미래를 보는 눈으로 그것을 표현하고 있는 것이다.
이러한 야누스와 같은 입장은 안정적인 세계에서도 충분히 어
려운 것으로 보이겠지만 실제 색인은 시간, 과학기술, 언어의
본질, 사회적 변화를 따르는 훨씬 더 어려운 분야이다.

명문銘文의 시간

색인 작성자의 공식적인 행위인 명명과 명명된 주제 사이의 관
계를 특징짓는 주제별 서술 기록은 필연적으로 특정 시점에 수

66

의미는

사용을 통해 정립되며

그래서 항상 과거에 의존한다.

그렇다면 색인 작성자는 과거에 의존해

서술을 만들어내고 있지만

또한 미래를 보는 눈으로

그것을 표현하고 있는 것이다.

99

행되며 색인과 목록 장치에 새겨진다. 시간이 지남에 따라 그 행위는 현재에서 과거로 후퇴한다. 명칭 선택의 근거였던 이전의 담론은 동일한 시간의 흐름 속에서 계속해서 진화해 변해왔고 색인의 관행도 그러한 변화에 따라 진화할 것이다. 또한, 미래가 현재가 됨에 따라 새로운 미래가 계속해서 예견될 것이고 미래 지향적인 전망은 점차 변화된 기대에 점점 더 많이 관련될 것이다. 그렇지만 배정된 명칭은 한번 새겨지면 고정된다. 그래서 과거의 담론 및 미래에 예상되는 필요와 배정된 명칭의 관계는 시간이 지남에 따라 진보하는 현재의 인식에 비추어보면 타당성이 떨어질 것이다. 그러므로 배정된 명칭은 과거와 미래 모두와 관련해서 본질적으로 낡게 된다. 담론과 색인 작성자는 시간에 따라 앞으로 나아가지만 배정된 명칭은 밀려나는 과거를 위해 새겨지고 거기에 고정된다. 오래된 색인은 과거의 상황과 관련이 있기 때문에 갱신하는 것은 쉽지 않고 일반적으로 시도되지도 않는다.

이는 단순히 새로운 문헌은 과거의 담론과 미래의 필요 둘다 관련된 위치를 점해야만 한다는 것을 의미하지는 않는다. 하나가 아닌 많은 담론 공동체가 동시에 존재하기 때문에 당연히 추가로 복잡한 문제가 발생한다.

언어의 비유적인 사용

새로운 명칭은 새로운 주제를 위해 언어의 비유적인 사용, 특히 은유를 통해 생겨난다. 새롭게 등장하는 개념을 나타내는 잘 규정된 용어는 어떤 인식된 유사함에 기초해서 비유적으로 사용된다 — 예를 들어, 컴퓨터 "마우스"가 그렇다. 그러고 나서, 새로운 의미는 사용을 통해 처음에는 맥락 안에서 고정되고 나중에 더 확장된다. 언어의 불안정성은 색인 작성자가 만든 것이 아니다. 색인 작성자는 단어 사용의 변화를 따라야만 한다. 색인 작성자는 보수적인 방법을 취하는데, 왜냐하면 용어 변화는 오래된 용어에 의문을 불러일으키며, 색인 표기를 소급적으로 변경하는 작업은 다른 가치 있는 목적을 위한 자원을 앗아가기 때문이다.

언급과 의미

정보 서비스는 과학기술에 크게 의존한다. 문헌은 종이, 필름, 자기디스크, 기타 물리적 매체를 바탕으로 하는 물리적인 대상이다. 만약 수행해야 하는 과업이 많이 일상적이거나 지원 인력의 단순한 사무 절차로 축소되거나 기계에 의해 처리되지 않는다면, 도서관이 지금처럼 운영될 수는 없을 것이다. 현대 도서관은 19세기 후반 "도서관 경제"와 같은 기술적 현대주의 정신에서 발생했는데, 멜빌 듀이Melvil Dewey 등에 의해 고취되었고 더불어 표준, 제도, 효율, 디지털 도서관, 시맨틱 웹semantic web, 가상virtual이라는 전망을 지닌 집단적 진보가 강조되었다. 효율과 능률을 위해서는 상세한 통제가 필요한데 문헌 보관 및 기록의 신기술 개척자와 사서는 현대의 사무-관리 절차를 고양했다.

명명은 주제별 색인 작성 과정에서 기계적인 측면과 문화적인 측면이 두 지각의 판처럼 충돌하는 단층에 놓여 있는데 이때 색인 작성자는 방지하거나 회피할 수 없는 언어의 파열과 불확실성을 완화하기 위해 어휘 통제를 사용한다. 그래서 기본적인 사명에 관련된 교정할 수 없는 문화적·심미적 특징과 성과에 필수적인 비용-효율적인 기계적 경향 사이에서 끊임없는 전투가 벌어진다. 이러한 긴장의 중심 전선戰線, battle line은 문헌이 무엇에 관한 것인가를 명명하는 문제에 있다.

문헌이 압도적으로 텍스트 형태라는 사실 덕분에 대체로 자연언어의 처리 기술을 사용해서 문헌 사이, 문헌과 조회 사이의 의미적 관계를 참조하는 것이 가능했다. 그렇지만 이것은 의미의 문제가 아니라 어휘 실체의, 문자열의 문제였다. 페어손Fairthorne(1961)은 이러한 기술이 의미meanings를 다루는 것이 아니고 언급mentions을 다룬다는 말로 이 차이를 분석했다. 예를 들어, 정보와 검색이 보통 그 순서로 동시에 나타난다면 그 단어들은 하나의 구절을 형성하는 것으로 추정될 것이다. 정보 검색이라는 구절과 벡터 공간이라는 구절이 동일한 텍스트 안에서 동시에 나타나는 경향이 있다면, 그 구절은 "문헌 공간 document space" 안에서 밀접하다고 계산될 것이고 주제의 관련성은 이러한 "공간적"인 가까움으로부터 추론될 것이다. 만약 표기 사이의 관계가 통계적으로 의미가 있다면 의미적인 밀접성이 암시되지만 그것이 설명되는 것은 아니다. 기계가 말이 되는 것과 안 되는 것을 구별할 수는 없지만 표기들 사이의 규칙성이나 불일치를 발견할 수 있도록 설계될 수는 있다.

이는 서지학적인 접근의 고유한 언어적 특성인데 정형화된 자연언어 처리 기술이 꽤 잘 작동되지만 항상 그렇지는 않으며 아주 믿을 만하지는 않다는 추가 증거다. 동일하거나 아주 유사한 언어가 사용될 때 동일한 단어가 언급되기 때문에 텍스트(어휘)의 유사성에 따라 문헌 사이의 담론과 서술의 관련성이 추정된다. 적용된 방법을 보면, 동음이의어 − 예컨대, host(집주인)와 host(군중) − 는 검색의 정확성을 희석할 것이다. 물론 이 방법의 강력하고 경제적인 매력은 기계적이어서 기계에 위임할 수 있다는 점이다. 이 방법의 결점은 동일한 주제를 가리키기 위해 동일한 용어를 사용(언급)하지 않고 다른 단어를 사용할 때 발생한다. 이러한 경우와 이종 언어cross-lingual 사이의 검색을 위해 이중 언어bilingual 사전이나 통계 협회 같은 공식적인 체계가 도움이 된다. 부분적으로 문화적이고, 부분적으로 물리적인 장소, 사건, 인물에 관련된 중요하고 유용한 특정 어휘에 대해서는 다음 장에서 논의할 것이다.

정보 검색에 관한 기술 문서는 자연언어의 처리 과정에 크게 의존해서 개인과 기관의 명칭, 다양한 유형의 빈도, 통계적 연관을 식별한다. 이는 단어가 사용되는 방법과 무언가를 말하는 무제한적인 방법에 주목함으로써 보완될 필요가 있다(Blair, 1990). 목록과 목록의 표시에 사용되는 언어 모두 심하게 주관적이다(Lakoff, 1987). 과학의 사회적 실천에 관한 연구는 문헌과 문헌에 대한 서술의 사용과 역할에 대한 이해에 공헌하고 있다(Frohmann, 2004). 제프리 보커Geoffrey Bowker와 수전 리 스타Susan Leigh Star는 『항목 정렬: 분류와 그 결과Sorting Things Out: Classification and its Consequences』(1999)에서 사회적인 의제가 객관적이라고 간주되는 분류 시스템의 설계에 어떻게 영향을 미치는지에 대해 흥미로운 사실을 보여주는 연구 사례를 제공했다.

명명은 문화적이다

언어는 담론의 공동체 안에서 진화하며 그러한 공동체를 생산하고 촉진한다. 그러한 모든 공동체에는 다소간 전문화하고 양식화한 언어의 관행이 있다. 통제되고 안정된 어휘를 사용하려면 다양하고 역동적인 담론과 그 결과인 의미의 다양성과 불안정성을 다루어야만 한다. 대부분의 참고문헌과 목록에는 단일한 주제별 색인이 있지만 여러 공동체에 관련된 실질적인 이해관계를 포함하고 있다. 각 공동체가 조금은 다른 언어 관행을 가지고 있기 때문에 어떤 색인도 모두에게 이상적이지는 않을 것이고, 그래서 아마도 누구에게나 이상적이지는 않을 것이다. 예를 들어, 건강에 대한 일상적인 논의에서 암cancer이나 뇌졸중stroke이 보통 사용되지만, 전문적인 의학적 처방에서는 신생 종양neoplasm이나 뇌혈관 장애cerebrovascular accident가 선호되는 명칭이다. 그래서 이론적으로는 각 공동체를 위한 다양하고 역동적인 색인 하나씩이 이상적일 것이다. 그렇지만 이는 언어적인 다양성뿐만 아니라 다른 관점의 문제이기도 하다. 다른 담론은 다른 쟁점을 다루며, 같은 쟁점을 다룰 때에도 다른 관점에서 다룬다. 토끼는 애완동물로도 유해동물로도 음식으로도 책의 주인공으로도 논의될 수 있다.

이러한 "변증법적인" 차이와 별개로, 세상의 변화와 같은 다른 이유 때문에 색인 작성자가 문헌을 특징짓기 위해 사용하는 어휘가 문제될 수 있다. 여기에는 새로운 생각, 새로운 발명, 새로운 명칭과 같은 인식의 발전이 있다. 말 없는 마차horseless carriages가 발명되었었고, **자동차**automobiles로 명칭이 바뀌었다. 또한 기존의 명칭에 새로운 참조가 등장하기도 한다. 약 60년 전에 컴퓨터라는 단어는 계산을 수행하는 사람을 의미했지만, 지금은 항상 기계를 의미한다. 최근에 **프린터**printer라는 단어도 동일한 변천을 겪었다.

단어와 싸우기

또한 정서적인 변화가 도서관의 명명에 영향을 미치기도 한다. 심지어 의미(외연)가 안정적일 때에도 참조된 것과 관련된 맥락(내포)이나 태도가 변할지 모른다. 특정한 언어적 표현은 언제나 사회적으로 수용될 수 없다. 이는 별 문제가 아닐지 모른다. 그렇지만 수용할 수 있는 것과 없는 것은 집단과 집단 사이에 다르게 여겨질 뿐만 아니라 변화가 이어지면서 특히 변화하는 동안에 불쾌한 논란이 될 수 있기 때문에 큰 문제가 된다. 황화黃禍, yellow peril라는 단어는 극동으로부터의 과도한 이민을 가리키기 위해 한때 널리 사용되었지만 지금은 너무 공격적이라고 간주되는데, 이러한 견해를 표현하는 편리하고 수용할 만한 대체 용어가 없고 역사적인 논의에서는 황화라는 구절이 필요함에도 불구하고 그렇다.

　주제명 표목의 사회적 수용성과 여기에 사용된 용어 각각이 어떻게 관련되는가에 대해 많은 글이 쓰였다. "**성적 도착**sexual perversion: 또한 동성애homosexuality 참조"는 한때 수용 가능했지만 지금은 더 이상 그렇지 않다. 샌포드 버먼Sanford Berman의 『편견과 반감: 미국 의회도서관의 사람에 관한 주제명 표목에 대한 소책자Prejudices and Antipathies: A Tract on the LC Subject Heads Concerning People』(1971)는 훌륭한 입문서다. 버먼은 주제명 표목에 점수를 매기면서, 왜 각각이 공격적인지 설명하고, 더 수용할 만하다고 생각하는 대체 용어를 추천한다. 그는 사례와 설명을 통해 명명이 어떻게 항상 문화적인 관점을 반영하는지 보여주었고, 어떤 집단에는 수용 가능한 용어도 다른 집단에는 공격적일지 모르며, 그러한 태도는 시간이 지남에 따라 변한다는 점을 제시했다. 예를 들어, 유대인 문제Jewish question는 옹호할 수 없는 전제를 내포하고, 집시Gypsies는 이집트 출신이 아니며 로마Roma로 불리기를 선호하고, 상호 참조 "불량배와 방랑자 Rogues and vagabonds: 또한 집시 참조"는 편견을 나타내고, 주제명 표목 흑인 유모Mammies와 흑인Negroes은 그렇게 명명된 사람에게 공격적이고, 에스키모Eskimos는 이누이트Inuit로 호칭해야 적절하다는 것 등을 들 수 있다. 사례는 여기에 요약하기에는 너무 많고 흥미롭다.

자신의 행위는 다른 사람의 행위보다 우월한 것으로 반영된다. 즉, 노예에 의한 항거rebellions는 반란insurrections으로 명명되지만 시민에 의한 항거는 더 긍정적으로 혁명revolutions으로 명명된다. 북미 인디언의 문명화는 북미 토착인의 문화를 참조하지 않고 문화 소멸의 진행과 정착 유럽인의 생활양식으로 대체된 것을 참조하는데 미국 의회도서관 지침에서 분명해진다. 즉, "여기에 인디언을 문명화하기 위한 노력을 취급하는 문헌을 기입한다." 유럽 국가는 식민지colonies를 보유하고 있고, 미국은 식민지로 불리지 않는 해외 "영토와 재산territories and possessions"을 보유하고 있다. 버먼의 많은 사례가 남성, 기독교적인 세계관, 지나간 시대의 사회적 태도, 낡은 의학·심리학 용어(예컨대, 백치Idiocy)를 반영한다. 어떤 경우에는 반론이 제기될 수 있다. 예를 들어, 집시 대신 로마를 사용하는 것은 도서관 이용자가 그 용어에 익숙하지 않다면 역효과를 낳거나 비효율적이다.

주제 색인의 변천에 대해 과거를 거슬러 추적하는 것은 문화와 언어 고고학의 유익한 형식이다. 미국 의회도서관의 주제명 표목Library of Congress Subject Headings은 100년 이상이 되었고, 거기에 10만이 훨씬 넘는 표목이 있어 갱신이 어렵다. 미국 의회도서관의 주제명 표목은 개선해야 할 것이 많지만 쉬운 목표이며 색인과 분류 시스템의 고유한 문제를 보여주는 좋은 사례이다. 언어적인 표현은 필연적으로 문화에 기초하고 그래서 불안정하며, 그 때문에 시스템이 효율적으로 작동하기 위해 갖추어야 하는 안정적이고 명확한 표기의 필요와 언어적인 표현 사

66

언어적인 표현은

필연적으로 문화에 기초하고

그래서 불안정하며,

그 때문에

시스템이 효율적으로 작동하기 위해 갖추어야 하는

안정적이고 명확한 표기의 필요와

언어적인 표현 사이에

모순이 생긴다.

99

이에 모순이 생긴다.

언급한 명명의 문제뿐 아니라 명명의 많은 부분이 그 자체로 추상적이거나 문제가 많은 개념에 관한 것인데 개념적인 모호함이나 혼동에 대한 언어적인 해결책은 없다.

요약

서술은 문헌의 특징을 명명하는 문제, 특히 무엇에 관한 것인가의 문제이다. 서술은 표기(단어나 부호), 어휘 통제(표준화한 용어), 복잡한 주제의 조정과 결합(예컨대, 베니션 블라인드venetian blind와 눈먼 베네치아인blind Venetian), 정밀도(얼마나 상세한가)에 따라 변한다. 서술은 장래의 탐색을 위해 이미 정립된 용어에 기초하는 언어활동이지만 언어가 진화하기 때문에 필연적으로 노후화한다. 언어가 문화적이기 때문에 민감한 주제에 대한 서술에는 이의가 제기될지도 모른다. 다음 장에서는 어떻게 서술이 조직되고 사용되는지 더 상세하게 살펴본다.

메타데이터

❖

명명이 어떻게 서술에 사용되는지 살펴보았고, 이제 서술이 어떻게 사용되는지 검토해보자. 메타데이터(글자 그대로 데이터를 초월하거나 데이터와 함께하는)는 문헌·기록·데이터의 서술을 위한 공통적인 명칭이다. 즉, 메타데이터는 데이터에 관한 데이터이다. 여기에서 데이터와 문헌을 구별하지는 않는다. 메타데이터의 첫 번째 용도이자 가장 분명한 용도는 서술이다. 그렇지만 관계를 뒤집어서 서술이 주변이 아니라 중심이 되게 하면, 메타데이터 또한 검색과 발견의 선호되는 기초로 기능할수 있게 된다. 그러나 검색을 위해 메타데이터에 의존하면 어려움에 처하게 된다. 맥락에 따라 달라지는 어휘의 사용, 언어의 무제한적인 다양성과 불안정성, 다르지만 비교할 만한 용어에 연계하고 동의어의 다른 용법을 구분할 필요성에 따라 어려움이 생긴다. 무엇을, 어디서, 언제, 누구와 같이 근본적으로 다른 양상(측면)을 구별하고 별도로 취급하는 것이 유용하다.

메타데이터

(글자 그대로 데이터를 초월하거나

또는 데이터와 함께하는)는

문헌·기록·데이터의 서술을 위한 공통적인 명칭이다.

즉, 메타데이터는 데이터에 관한 데이터이다.

메타데이터의 첫 번째 목적: 서술

메타데이터의 첫 번째이자 원래 용도는 문헌에 대해 서술하는 것이다. 여러 종류의 서술적인 메타데이터가 있다.

기술(형식, 부호화 표준 등 서술)

행정(저작권, 사용 조건 등)

내용(주제, 범위, 저자 등)

이러한 서술은 문헌의 성격을 이해하고 그 문헌을 이용할지 여부를 결정하는 데 도움이 된다. 심지어 비표준적인 용어가 사용되더라도 서술은 매우 유용할 수 있다. 거의 모든 서술이 없는 것보다는 낫다. 그렇지만 서술적인 메타데이터는 용이한 비교를 위해 표준 형식을 따라야 한다는 점이 항상 강력하게 권장된다.

메타데이터에는 양식formats과 가치 조합set of values이라는 두 요소가 있다. 잘 알려진 양식에는 확장성 생성언어XML, 더블린 코어Dublin Core, 기계 가독 목록MARC(도서관의 목록의 기록을 공유하는 용도) 등이 있다. 이러한 양식은 각각 특정한 표준에 연계되어 함께 사용되는 서술의 종류를 규정한다. 저장과 배치를 위한 표준 양식의 이용으로 메타데이터의 사용이 더욱 쉬워진다.

문헌, 특히 디지털 문헌을 훑어볼 때 어떤 종류의 문헌인지, 무엇에 관한 것인지, 어떻게 이용하는지를 이해하기 위해 서술적인 메타데이터가 사용된다. 이 과정은 수록된 내용을 평가하는 데 도움을 받기 위해 책의 표지를 살펴보는 방법과 닮아 있다.

색인 만들기

조회와 문헌 사이 또는 다른 두 문헌 사이에 의미 있는 연계의 수립에는 두 가지 행위가 필요하다. 즉, 먼저 그것들 사이에 연계를 만들고 나서 그런 관계의 성질에 대해 표현하는 것이다. 예를 들어, 동일한 주제 서술을 어느 쪽에든 배정할 수 있으며, 〈그림 6.1〉에서 보듯이 하나의 주제명 표목을 텍스트에 배정하고 또한 이미지에 배정할 수도 있다.

다음 단계에서 이 관계를 뒤집으면 주제명 표목에서 텍스트와 이미지 양쪽으로 갈 수 있다. 이를 통해 〈그림 6.2〉에서 보

〈그림 6.1〉 주제명 표목은 텍스트와 이미지에 배정된다

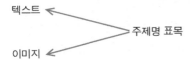

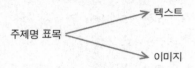

주제명 표목 → 텍스트
→ 이미지

듯이, 동일한 주제에 관련된 텍스트와 이미지 모두에 대한 통합 검색이 가능해지고, 주제명 표목(가치)과 문헌으로 이어지는 조회가 시작된다.

이러한 조치를 통해 원래 구조가 뒤집어진다. 문헌에 서술이 부착되는 대신 문헌이 서술에 첨부된다. 서술하는 어휘가 중심이 되고 문헌은 주변이 된다. 이러한 역전은 인용 색인citation index에서 명백하게 드러난다. 책이나 논문을 조사해보면 참고문헌은 부수적이고 각주에 있거나 맨 뒤에 있으며 종종 더 작은 글자로 표현된다. 그렇지만 인용 색인은 그 관계를 역전시킨다. 인용 그 자체와 인용 사이의 관계가 주요한 것이 된다. 오직 관심 있는 인용이 선택될 때에만 문헌 ─ 그 주변에 있는 ─ 이 참조된다.

또한 〈그림 6.3〉에서 보듯이, 이 관계를 통해 텍스트에서 주제명 표목을 거쳐 동일한 제목의 이미지로 또는 똑같이 이미지에서 텍스트로 횡단 탐색이 이루어진다.

이러한 방식으로, 동일한 주제의 둘 이상의 문헌이 양식과 내용에서 얼마나 다르든 하나의 네트워크로 서로 연결될 수 있다.

<그림 6.3> 주제명 표목에 의해 서로 연결된 텍스트와 이미지

텍스트 ←——→ 주제명 표목 ←——→ 이미지

색인 용어

꼬리표 붙이기tagging — 적절해 보이는 어떤 단어를 배정하는 누구든 환영 — 가 유행이 되었다. 이러한 관행은 편리하고 더 공식적인 색인 어휘의 출발 근거로서 도움이 될 수 있다. 또한 이미지와 텍스트의 상징적이고 감정적인 측면을 식별하는 데 도움이 될 수 있다. 그렇지만 가장 전문적인 색인의 실행은 다음 세 가지 원칙에 기초한다.

어휘 통제vocabulary control, 즉 동의어와 준-동의어를 결합하기 위해 사용되는 용어를 제한하는 것이다. 일관성을 유지하려면, 사용되는 용어("우선 용어preferred terms")의 "전거 목록authority list"은 물론 동의어와 준-동의어("비우선 용어nonpreferred terms")의 전거 목록도 유지하는 것이 유용하다. 개인의 이름은 저자와 전기傳記 텍스트에서 중요하다. 동일한 이름의 다른 사람과 구별하고 동일한 사람의 다른 이름을 통합하는 것은 기록 보관소, 도서관, 박물관 등에서 잘 이해되고 있다. 다른 두 사람이 동일한 이름이거나 동일한 사람이 일생 동안 여러 이름을 사용할 경우 적절한 이름을 부여하는 일이 어려워진다. 동명이인의 경우 예컨대 출생일이나 사망일을 추가하여 적절하게 구분할 필요가 있다. 동일인이 여러 이름을 가진 경우 이름들이 연계되어 하나의 이름만 지속적으로 사용해야 한다. 유사하게 동일한 명칭이 여러 위치에서 만들어질 수 있고, 동일한 장소에 서로 다른 언어의 다양한 명칭이 있을 수 있으며 그 명칭이 시간에 따라 변하기도 한다. 필요할 때마다 범위 주기scope note를 통해 그 의미를 분명히 하고 특히 적절한 명칭을 위해 선택의 근거를 인용한다.

측면 분석facet analysis은 모든 색인 용어를 세상의 상당히 다른 양상(측면)을 각각 대변하는 조합으로 일차적으로 분리하는 것으로서, 예컨대 시간, 장소, 인물로 분류하는 방법이다. 이러한 요소는 나중에 복잡한 주제를 요구되는 대로 표현하기 위해 결합된다.

문법grammar은 동일한 단어를 사용하는 상이한 서술 문구를 구별하기 위한 것 — 예컨대, "man bites dog(사람이 개를 문다)"와 "dog bites man(개가 사람을 문다)" — 이다.

이러한 세 가지 기술 덕분에 매우 정밀한 서술 시스템의 발전이 가능했다.

메타데이터의 두 번째 용도: 탐색

개별 문헌에 대해 서술하기 위한 수단으로서 메타데이터를 생각하는 것은 메타데이터의 두 가지 역할 가운데 오직 한 가지만을 반영하는 것이다. 메타데이터의 두 번째 용도는 다르다. 즉, 두 번째 용도는 문헌이 아니라 색인을 탐색하면서 조회 또는 서술을 시작할 때 – 데이터보다는 메타데이터와 함께 – 나타난다.

메타데이터의 두 번째 용도는 찾고, 탐색하고, 발견하기 위한 것이다. 텍스트용 디지털 환경에서는 웹 탐색 엔진처럼 텍스트 조회를 사용해 이용 가능한 문헌에서 텍스트 조각의 출현을 탐색하는 것이 일반적이고 편리하다. 그래서 주제 "마우스 mouse"의 탐색은 문자열 "m o u s e"로 표현되며, 그 결과 작은 포유류에 관한 논의이건, 컴퓨터 입력 장치를 위한 (원래의 비유적인) 용법을 참조하건, 또 다른 용법을 참조하건 간에 그 문자열을 포함하고 있는 모든 문헌이 검색될 것이다. 문자열을 통해 텍스트를 탐색하는 기술은 상당히 잘 작동하지만, 항상 그렇지는 않고 완벽하게 작동하는 것도 아니다. 왜냐하면 텍스트 자원이 전적으로 동질인 것은 아니기 때문이다. 어떤 단어는 다양한 의미를 지니고(다의어), 때때로 서로 다른 단어가 문자열은 동일하지만 다른 의미를 지니기도 하고(동음이의어), 서로 다른 단어가 동일한 의미를 지닌 채 사용될지도 모른다(암cancer 과 신생물neoplasm 같은 동의어).

간단한 텍스트 탐색은 다중 언어 환경에서뿐만 아니라 이미지, 음성, 숫자 데이터 세트와 같은 비텍스트 자원이 포함되면 세분된다. 이미지는 다른 이미지와 비교될 수 있고, 음성은 다른 음성과 비교될 수 있지만, 이미지가 직접 음성 및 다른 매체 형식과 비교될 수는 없다. 화소 또는 음성으로 구성된 조회를 텍스트 파일 안에서의 조회처럼 일상적으로 사용할 수는 없다. 일반적인 해법은 텍스트가 아닌 대상에 텍스트적인 서술을 부가해서 텍스트 조회를 통해 탐색될 수 있도록 하는 것이다.

기반 구조infrastructure는 과업의 부수적인 부분에 관련된 집합적인 용어다. 기반 구조는 원래 수송과 군사 활동을 위해 이용되는 고정된 자원을 가리키기 위해 사용되었고, 점차 확대되어 중심 과업의 수행에 부속되거나 중심 과업을 지원하는 서비스를 포함하게 되었다. 철도 여행에는 적어도 선로, 기관차, 화차가 필요했고 또한 효율적이고 신뢰할 만한 철도 서비스는 보조 자원에 의존했는데 신호발권, 역 사이의 소통, 연료 공급, 관리 구조, 열차 시간표 발행이 보조 자원에 포함된다. 이 보조 자원에 대한 집합적인 용어가 기반 구조다.

기반 구조는 항상 어떤 종류의 구조이지만 어느 구조가 기반 구조로 간주되어야만 하는지는 상황에 따라 다르다. 은행에는 금융서비스를 제공하기 위한 데이터 처리 서비스의 지원이 필요하고, 이 컴퓨팅 지원은 기반 구조의 일부분으로 간주된다. 컴퓨터 서비스 업종에서는 결제를 처리하는 신뢰할 만한 금융서비스가 보조 자원 ― 기반 구조 ― 에 포함된다. 그래서 금융서비스는 컴퓨터 서비스 업종 기반 구조의 일부분으로 뒤바뀐다.

표준과 규약protocols은 유형有形, tangible의 영향을 크게 미치는 무형의 기반 구조다. 기반 구조는 가능하게 만들고 권능을 부여하는 지원 환경으로 간주되기 때문에 사회적인 관습과 사고 방식도 기반 구조의 한 형태로 고려될 수 있다 ― 사고思考의 구조는 미셸 푸코Michel Foucault의 『사물의 질서The Order of Things』(1970)에서 거론되었다.

요약하면, 메타데이터의 첫 번째이자 원래 용도는 문헌에 대해 서술하는 것이며, 메타데이터라는 명칭(데이터를 초월하거나 데이터와 함께하는)은 대중적인 정의인 "데이터에 관한 데이터"와 더불어, 이러한 용도에 근거를 두고 있다. 메타데이터의 두 번째 용도는 문헌을 배치할 수 있는 조직 구조를 형성하는 것이다. 이 구조는 개별 문헌 탐색과 문헌 조합 속에서 유형을 식

> 메타데이터의 두 번째 용도는
> 문헌을 배치할 수 있는
> 조직 구조를 형성하는 것이다.

별하는 데 모두 사용될 수 있다. 메타데이터의 두 번째 역할에는 문헌과 메타데이터의 관계 역전이 포함된다. 이러한 구조는 기반 구조로 간주될 수 있다.

이번 장의 이후부터는 참조 작업이나 도서관, 온라인에서 탐색과 발견을 위해 이용될 때의 메타데이터 기능을 살펴본다.

(보통은) 익숙하지 않은 어휘의 다양성

언어는 문화적인 맥락 속에서 진화하기 때문에 다른 담론, 다른 매체, 외국의 색인을 탐험해보면 이러한 측면이 더욱 현저해진다. 오직 익숙한 어휘를 다룰 때에만 효율적이고 능률적인 탐색이 가능하다. 자동차automobiles라는 탐색 용어가 다른 많은 것 가운데 다음의 경우도 포함한다는 것을 아는 사람이 얼마나 되겠는가?

PASS MOT VEH, SPARK IGN ENG(미국 수입/수출 통계 부호)

TL 205(의회도서관 분류)

180/280(미국 특허 분류)

3711(표준 산업 분류)

네트워크 환경의 전체 요점은 더 많고 다양한 자원에 대한 접근 가능성을 만드는 것이다. 그래서 익숙하지 않은 어휘에 관련된 자원의 수는 절대적으로 증가하며 접근 가능한 것에 대한 비율도 증가한다. 이는 덜 효율적이며 덜 능률적인 탐색 방식이다. 이 문제에 대한 (비록 무시되지만) 중요한 대처 방법은 탐색 용어 추천 서비스를 제공하는 것이다. 간단한 형태 하나는 익숙한 것에서 익숙하지 않은 것으로 연결하는mapping 것이다. 1876년 듀이 십진분류법 초판의 주제 색인은 다음과 같다.

철도Railroads 385

듀이의 『도서관, 클리핑, 주석 등을 위한 십진분류법과 관련 색인Decimal Classification and Relative Index for Libraries, Clippings, Notes, etc.』 (1899) 6판에서는 맥락에 따라 변동될 수 있는 가장 좋은 연계를 예시하기 위해 철도railroad를 사용했다("다른 연계에서"; Dewey, 1899: 10).

철도railroad		
	구조물architecture	725
	기업corporations	385
	공학engineering	625
	법law	385
	여행travel	614.863.

탐색하는 사람마다 다른 배경을 지니고 있기 때문에 그들

에게 익숙한 단일 어휘는 없고, 그래서 각 집단의 사용자를 위해 서로 다른 조합의 주제 색인이 있어야 한다. 이는 지금까지 경제적으로는 가능하지 않았지만, 주어진 어떤 어휘에 대해서든 다양한 탐색 용어 추천 서비스를 생성하여 거의 해결할 수 있다.

마취 전문의anesthesiologist, 약물요법 전문의drug therapy specialist, 노인병 전문의geriatrician 등 의사 세 명이 있는데 각자 심장정지cardiac arrest(심장마비heart attack의 의학용어)에 관한 논문을 원한다고 가정해보자. "심장정지" 그 자체는 표준적인 의학주제명 표목Medical Subject Headings: MeSH의 어휘에서 사용되지 않는데, 그렇다면 무엇이 가장 효과적인 MeSH의 표목이 될 수 있는가? 세 의사는 전문가다. 이들은 심장정지에 대해 동일한 이해를 가지고 있지 않다. 저마다 서로 다른 의학 분야의 특수한 문화에서 생활한다. 세 사람 모두 다른 사람이 관심을 갖는 전문적인 논문에는 관심이 없을 것이다(아마 이해하지 못할지도 모른다). 적절하게 가중치가 부여된 학습 조합training sets을 통해 각자를 위한 전문적인 권장 탐색 용어가 만들어질 수 있다.

인용에서 연계로

우리의 환경이 점차 네트워크화함에 따라 인쇄된 종이 환경에서의 전거 자원authoritative resources에 대한 인용citing은 그러한 자원에 대한 연계linking에 길을 내주게 된다. 여기에는 장점이 있다. 온라인 자원은 국지적인 전거 목록이 보유할 수 있는 것보다 훨씬 상세한 정보를 보유하게 될 것이다. 장소의 명칭을 고려해보자. 국지적인 목록에서는 명칭에 대해 선호하는 형식을 지정하는 것 이상은 할 수 없고, 동일한 명칭을 가진 다른 장소와 구별할 정도의 상세함 — 전형적으로는 장소의 형태("지형의 특징")와 그 장소가 위치한 지정학적 단위 — 이 필요할 것이다. 그렇지만 장소-명칭 지명사전place-name gazetteer에는 그 모든 것이 담길 것이고 특히 위도와 경도가 포함될 것이다. 유사하게, 개인 이름의 경우 국지적인 이름 전거 목록에는 선호하는 이름이 있고 또한 다른 이름에 대한 주석이 사용되며, 단지 국지적으로 접하는 동일한 이름의 다른 사람과 구별될 정도의 상세함이 필요할 것이다. 국립도서관의 이름 전거 파일이나 인명사전과 같은 대규모 전거 파일에는 개인의 일생과 경력에 대한 매우 상세한 내용이 포함될 것이다. 그 정보는 훨씬 더 풍부하며 필요에 따라, 예컨대 지도 표시나 시간표를 만드는 데 활용될 수 있다.

또 다른 장점은 적용된 온라인 자원은 인쇄된 문헌으로는 할 수 없는 방식으로 계속해서 갱신될 수 있고 그래야만 한다는 것이며, 그러한 연계가 적용될 때마다 이러한 갱신이 가능해진다.

무엇을, 누가, 어디서, 언제

지금까지 일반적인 용어로 주제("무엇")에 대해 논의했다. 물론 서로 다른 종류의 주제가 있고 어떤 주제는 전문적으로 취급하는 것이 당연할 만큼 다르다. 이 장의 이후부터는 세 가지 특별한 경우(누가, 어디서, 언제)가 어떻게 다르며 서로 어떻게 연결되는지 보여준다.

누가: 개인의 이름

개인의 이름은 저자와 전기 텍스트에서 중요하다. 동일한 이름을 가진 다른 사람과 구분하고 동일한 사람의 다른 이름을 종합하는 것은 기록보관소, 도서관, 박물관 등에서 필요한 것으로 이해되고 있다. 그렇지만 개인 사이의 관계를 다루는 기술은 오히려 상당히 무시되어온 것처럼 보인다. 족보 학자가 가족 관계를 부호화한(부모-자식, 부부 등) 경험을 가지고 있지만, 사람은 다른 중요한 방식으로도 서로 연계되는데(예컨대 스승-제자, 동업자) 이를 위한 기술과 용어에는 추가적인 발전이 필요하다.

어디서: 지리적 영역, 장소, 공간

텍스트 환경에서의 탐색은 잠재적으로 사람 이름, 장소, 기관

을 포함하는 주제별 키워드keyword 또는 공통 키워드에 좌우된
다. 그렇지만 사회경제적인 데이터 시리즈나 사진과 같은 자원
을 탐색하기 위해서는 믿을 만하고 정확하게 지리적 위치를 지
정하는 것이 중요해졌다. "장소place"는 문화적인 구축물이고,
이러한 요소가 장소의 명칭에 반영되는데 주제에 대한 명칭처
럼 종종 다양하고(예컨대 리스보아, 리스본, 리스보나, 리스보네, 리사
본), 모호하며(폴란드의 갈리시아와 스페인의 갈리시아), 불안정하다
(예컨대 상트페테르부르크에서 레닌그라드로 바뀌었다가 다시 상트페
테르부르크로 변경된 것처럼).

공간space은 대조적으로 경도와 위도라는 물리적인 용어로
정의되는데, 그 용어를 통해 모호하지도 않고 불안정하지도 않
은 서술이 제공된다. 공간적인 조정의 커다란 장점은 그것을
통해 지도 위에 장소가 보이게 된다는 것이다. 그러므로 지리
영역에는 장소와 공간의 이중적인 명명 시스템이 있다. 즉, 장
소로 명명하고 공간으로 조정한다. 장소-명칭 지명사전은 장
소와 공간에 대한 일종의 이중 언어 사전으로 간주될 수 있다.
지명사전을 통해 장소와 명칭 사이에 차이가 분명해질 수 있고
장소가 지도 위에서 위치를 차지하게 된다. 잘 설계된 지명사
전은 어떤 장소의 명칭이 언제 사용되었는지 나타낼 것이고,
그렇게 해서 시간에 걸친 변화를 지원할 것이다.

언제: 사건과 시간

사건과 시간은 서로를 정의하는 경향이 있다. 시간은 물리적인 사건과 문화적인 사건에 따른 문화적인 시대로 측정된다. 그렇지만 물리적인 사건과 문화적인 시대 또한 달력 시간으로 측정된다. 우리는 말과 글에서 "내가 졸업한 후에" 또는 "제2차 세계대전 전에"와 같이 보통 사건을 참조해 시간을 나타낸다. 사건과 시간의 이중성은 장소와 공간의 이중성과 닮았고 유사한 접근 방법이 적용된다. 즉, 명명된 사건을 달력 시간과 연계하는 사전을 사용하는 것이 그 방법이다. 이러한 사전은 사건과 날짜의 연계를 통해 시간표와 연대기의 구축을 지원하는데 장소-명칭 지명사전이 장소의 명칭을 공간적 조정과 지도 표시에 연계하는 것과 동일한 방법이다.

색인 용어 사이의 관계

지금까지 주제, 장소, 인물에 관한 색인이 마치 분리되고 독립된 측면인 것처럼 말해왔지만, 원시적인 사례를 제외하면 실제로는 그렇지 않다. 미국 의회도서관의 주제명 표목 시스템처럼 완숙한 주제별 색인에서 보통 표목은 예컨대 건축-일본-메이지 시대, 1868~1912처럼 지리적·연대기적 한정어qualifier와 결합된다. 달리 말하자면, 주제명 표목에는 주제에 관한 요소뿐만 아니라 지리적·시간적 요소도 있을지 모른다.

장소-명칭 지명사전은 보통 성城, 교회, 호수, 도시 등 장소의 종류("지형지물 유형")를 가리킨다. 물리적인 지형지물이 하나의 주제처럼 동일하지는 않지만 어떤 종류의 지형지물도 하나의 주제로 취급될 수 있다. 어떤 하나의 성은 성이란 범주의 한 사례이다. 이 특정한 성에 관련된 문헌뿐만 아니라 성 일반에 관련된 문헌도 보통 도움이 될 수 있다. 성이란 주제에 관한 논의는 주제명 표목에서 지형지물 유형으로 이동함에 따라 풍부해지는데, 지명사전에 있는 지형지물 유형의 부호를 통해 어느 지역에 있는 성의 경우에도 식별되고 위치가 지정된다. 그렇게 해서 지형지물 유형과 주제명 표목 사이의 연결이 유용해질 수 있다. 잘 설계된 지명사전은 또한 언제 그 명칭이 사용되었는지를 나타낼 것이기 때문에 주제명 표목처럼 지명사전의 항목에도 지리적 측면뿐만 아니라 시간적·주제적 측면이 있다.

지명사전의 설계에 기초해서 모형이 만들어진 시간-기간 사전에는 사건 또는 기간의 종류에 대한 부호가 있을 것이다. 그래서 지명사전의 항목과 같이 특정한 사건(예컨대, 하나의 지진)은 적절한 명칭(예컨대, 리스본 지진 1755)에 따라 또는 해당 사건에 관한 문헌 분류(예컨대, 지진 일반)에 따라 주제명 표목에 연계될 수 있다. 사건은 지리적 영역에서 특유한 것이므로 적절한 시간-기간 사전에는 지리적 부호가 있을 것이고, 그 사전을 통해 각 사건을 지리적인 주제명 표목과 지명사전의 항목에 연결하는 것이 가능해야만 한다.

인명사전 항목의 텍스트에서는 다음에 대해 매우 풍부하게 언급된다. (1) 해당 주제명 표목에 연결될 수 있는 종류의 활동, (2) 지명사전의 항목과 지리적인 주제명 표목에 연결될 수 있는 장소, (3) 시간-기간 사전, 시간표, 연대기를 따라 동시대의 다른 사건에 연결될 수 있는 기간, (4) 전기의 주인공과 상호작용하고 인명사전이나 백과사전에서 전기적인 정보가 발견될 수 있는 다른 사람.

사람들의 이름을 다루는 효율적인 방법이 있지만 그들의 삶에서 사건을 다루기 위한 방법은 훨씬 덜 발전했다. 접근 방법 하나는 각 전기적인 사건 또는 일상 활동을 범주화하여 어떤 종류의 활동인지(주제 측면), 언제인지(시기 측면), 어디서인지(지리 측면), 누구와 함께인지(인물 측면)의 네 가지 측면으로 나누는 것이다. 이러한 접근 방법의 매력은 인생의 사건이 주제별 색인, 시간-기간 사전, 장소-명칭 사전, 인명사전의 용도로 이미 정착되었거나 개발되고 있는 용어 및 수단과 함께 부호화한다는 점에 있다.

주제별 색인, 지명사전, 시간-기간 사전, 인명사전은 현실의 상당히 다른 측면에 관련된 상당히 다른 장르이지만 지리적 연계, 연대기적 관련, 주제의 유사성은 네 장르 모두를 관통한다는 것을 발견하게 된다. 이해하기 위해서는 맥락에 대한 지식이 필요하며, 이러한 장르 사이의 연계를 위해 효율적인 기반 구조를 구축하는 방법을 찾는 데 유용한 많은 의제가 있다.

측면과 맥락

우리는 무엇을, 누가, 언제, 어디서를 이용해 서로 다른 종류의 주제에 대해 의논했다. 그러한 구별된 범주에 대한 기술적인 용어가 측면facets인데 분류와 지식의 조직에서는 측면의 사용이 중심이다. 연계된 데이터에는 흔히 유사한 관계가 있으며 보통 단일한 측면 안에서 연결된 것이다. 이와 비슷하게, 도서관의 참조 수집물은 측면별 장르로 분류된다. 전기, 지리(지도, 장소-명칭 지명사전), 역사(그리고 연대기) 등이다. 그렇지만 목록이나 참조 저작물의 표목 이상의 것에 주목하면서 항목의 내용을 조사하거나 설명에서 그 항목을 넘어설 때, 단일한 측면이라는 한계는 없고 오히려 다양한 측면이 있다는 것을 알게 된다. 즉, 도서관의 주제명 표목에는 주요 표목이 있지만 보통 거기에 지리적 세분화, 연대기적 세분화, 때때로 인명별 세분화가 이어진다.

장소-명칭 지명사전은 장소 명칭이 주요 표목이지만 지형지물 유형과 위도, 경도에 대한 공간 표시가 이어진다. 언제 그 명칭이 사용되었는지에 대해 또는 특히 중요한 관련 인물의 이름에 대해 주석이 있을 수도 있다.

시간-기간 사전은 기간의 명칭이 표목이겠지만 어떤 종류의 기간과 사건인지에 따라, 시간 표시(달력 시간)에 따라, 어디서 발생했는가에 따라 제한된다.

인명사전은 개별 이름에 의해 정돈될 것이지만 활동, 날짜, 서로 다른 사람, 위치 등 다양한 경우가 뒤따를 것이다.

실제 경우는 많이 다르겠지만 중요한 점은 참고문헌과 목록의 어떤 주요 표목 또는 참조 저작물의 어떤 측면별 항목도, 다른 어떤 측면 또는 모든 측면을 이용해 제한하거나 설명할 가능성이 크다는 것이다. 〈그림 6.4〉는 서로 다른 측면(시간, 장소, 누가, 무엇을)에서 사례에 연결하는 선과 더불어 우리가 무엇을 기대하게 될지 보여준다. 의회도서관 주제명 표목과 국제십진분류법Universal Decimal Classification과 같은 복잡한 사전 조정 시스템에서 동일한 효과를 본다.

각 줄에서 요소의 순서에 이유가 있을지 모르지만, 사례의 목적을 위해 그 이유를 무시하고 각 줄의 요소를 재배열해서 수직으로 맞추면 〈그림 6.5〉가 된다.

〈그림 6.4〉의 각 줄의 요소를 재배열해서 〈그림 6.5〉에서

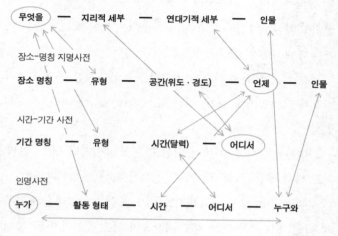

측면별 줄로 정돈하면, 수직적·수평적 연계를 사용하기 위한 잠재력이 더욱 분명하게 보인다. 예를 들어, 도서관 목록의 주제명 표목 "등대Lighthouses"는 장소-명칭 지명사전의 지리적 서술 부호 "Lthse Lighthouse"에 연계될 수 있다. 지명사전은 실제 등대의 위치를 제공할 것이고 도서관 목록에는 등대에 관한 간행물이 수록될 것이다. 이 조합은 상당히 다른 종류이 두 자원의 결합을 통해 개별적으로 하는 것보다 훨씬 더 많은 정보를 제공할 것이다. 〈그림 6.5〉가 보여주듯, 수직적인 연결은 추가적인 어휘로 연계되어 추가적인 자원으로 이어지게 된다. 수평적

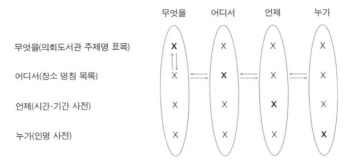

〈그림 6.5〉 각 줄의 측면별 재배치 사례인 수직적·수평적 연계

인 연계는 추가적인 맥락을 제공한다.

요약

문헌에 대한 서술("메타데이터")은 기술적·행정적·주제적 측면을 다루며 문헌의 특징과 문헌이 관심을 가질만한 것인지 여부를 이해하는 데 도움이 된다. 서술은 주제명 표목과 같은 서술적인 요소를 각 문헌에 배정함으로써 생성된다. 이 관계를 뒤집는 것 — 실제로는 주제명 표목에 문헌을 배정 — 을 통해 색인이 만들어지고 그렇게 해서 두 번째 목적인 어떤 특정 문헌의 발견에 기여하게 된다. 문제는 자연언어이건 인공언어(부호와 분류)이건 간에 사용하고 있는 여러 다른 언어의 차이에서 발생한다. 그 결과, 특히 친숙하지 않은 언어에서는 친숙한 용어에서 친숙하지 않은 용어로 이끄는 연계가 필요하다. 몇몇 경우에는 지리에서의 장소와 공간, 시간에서의 달력과 사건, 수학에서의 수식과 설명 같은 이중적인 명명 시스템이 있는데 두 측면은 유용하게 결합된다. 중요한 단순화 기법 하나는 누가, 무엇을, 언제, 어디서와 같이 근본적으로 다른 개념(측면)의 구분이다. 각 측면의 용어가 다른 언어에 걸쳐 유용하게 연계될 수 있지만 이렇게 개념적으로 다른 요소는 실제 맥락에서 항상 결합되며 또한 이 복잡한 관계를 활용하기 위한 많은 기회가 존재한다.

이 장과 이전 장에서 문헌이 어떻게 서술되며 이러한 서술이 어떻게 조직되고 연계되는지 살펴봤다. 다음 장에서는 발견과 선택의 기법에 대해 더 면밀하게 들여다본다.

발견과 선택

❖

기록과 문헌의 발견, 위치 찾기, 선택을 지원하는 많은 종류의 발견 도구finding aids가 존재한다. 인쇄된 서지 목록은 문헌에 대해 서술하는 기록을 발견하기 위해 구조화한 정적인 인터페이스interface다. 여기에서는 더욱 역동적인 선택 도구의 형태를 살펴본다. 즉, 탐색 엔진, 여과 시스템, 완전한 텍스트 탐색, 도서관 목록, 웹 탐색, 기업 탐색(대규모 조직의 내부 자원 탐색)과 같은 검색 시스템이다.

탐색 엔진은 특정 성질을 가진 문헌을 식별하는 것을 통해 작동한다. 기본적인 기제는 조회와 문헌의 매칭이다. 검색 시스템이 조회를 안정적인 소장 문헌에 맞추는 반면 여과 서비스는 안정적인 조회를 이용해서 문헌의 흐름에서 선택한다. 정보 검색information retrieval이라는 용어가 1950년에 만들어져 널리 채택되었지만, 이전의 선택 기계selection machine란 용어가 무엇이 수행되는가에 대해 더욱 정확하게 서술하고 있다.

탐색 관행은 맥락에 따라 다른데 텍스트 파일 탐색, 도서관 목록, 웹 탐색, 조직 자원 내부 탐색(기업 탐색)의 네 가지 다른 맥락이 고려될 것이다.

검색과 선택

검색retrieval이란 단어는 다음과 같이 보통 서로 상당히 다른 절
차를 포함하곤 했다. 즉, 문헌의 존재를 규명한다는 의미에서
문헌의 발견은 **식별하기**|identifying, 식별된 대상에 알려진 주소가
있을 때 위치 **찾기**|locating("찾아보기"), 알려진 주소에서 대상을 가
져오는 것은 **가져오기**|fetching, 고른다는 의미는 **선택하기**|selecting
다. 위치 찾기와 가져오기는 상대적으로 간단한 절차다. 더욱
흥미로운 것은 네 번째 **선택하기**인데 특히 선택이 무엇인지, 심
지어 적당한 것이 있는지, 실제로 발견 가능한지 미리 알 수 없
을 때 그렇다. 그래서 해결해야 하는 과제는 가장 덜 부적합한
문헌을 식별하는 방법을 찾는 것이다.

　이 과업은 다음 두 가지 상황으로 나누어질 수 있다.

1. 때때로 데이터 검색이라 부르는, 명확한 요구 사항을 사
   용해 알려진 항목의 위치를 찾고 가져오는 것. 기록의 규
   모와 복잡성으로 인해 기술적인 과제가 부과될 수 있지만
   이는 상대적으로 단순한 과업이다.

2. 때때로 문헌 검색이라 부르는, 이용 가능한 자원이 정확하지 않거나 불분명하게 알려졌을 때의 발견과 선택. 선택 시스템이 복잡해지는 경향이 있다. 선택 시스템은 대개 독점적이며 그 기제는 불투명하다. 모든 그러한 시스템은 어쨌든 작동되려면 완전해야만 한다. 이 요인들로 인해 구성 요소의 단순한 성질에 대한 관심이 빗나간 것처럼 보인다.

모든 발견과 선택 시스템의 핵심적인 기능은 필요와 문헌의 매칭이며 선택의 부적절한 것에서 적절한 것을 분리(분할)하려는 노력이다. 우리는 정신적인 선택에서 서로 다른 기회를 고려해 "머릿속에서" 하나를 선택한다. 휴가 중에 몇몇 친구와 친지에게 엽서를 보내기로 결정할지도 모른다. 그렇지만 주소를 확실하게 기억할 수 없다면 주소와 이름의 목록을 들여다볼 필요가 생길지 모르고, 또한 엽서를 받기 원할지도 모르는 누군가를 잊어버렸는지 보기 위해 목록을 살필지도 모른다. 선택 도구의 필요는 목록과 수집물의 규모가 커짐에 따라 점점 더 증가하게 되었다. 웹 탐색 엔진, 탐색 가능한 데이터베이스, 도서관 목록, 기타 유사한 장치 등이 이 기능을 수행하며 일상적인 도구가 되었다.

선택 기계는 식별하기, 위치 찾기, 기록 가져오기에 사용되는 장치다. 보통 선택의 폭이 너무너무 크고 이용 가능한 기회에 대해 충분히 익숙하지 않기 때문에 우리를 위해 고르는 것에도 선택 기계가 사용된다. 예컨대, 웹 탐색 엔진은 우리를 위해 웹페이지를 선택한다. 그렇지만 거의 모든 경우에 인간이 정신적으로 선택한 것은 기계에 의해 선택된 최초의 후보 목록을 따라 기계가 제공한 기회에서 고른 것이다.

보통 전송받는 메일에서 사용되는 여과 시스템에서는 대상이 표현되고, 여과되며(탐색되며), 그리고 나서 주의를 끌기 위해 선택되거나 다른 저장소로 이관되거나 폐기된다. 이 경우에 조회는 한번 개발되면 저장된 지침(선택 규칙)으로 무한정 자리를 차지하며, 전송받는 문헌을 선택하는 데 사용된다. 데이터 대상의 흐름에 대해 저장된 조회를 사용하는 여과 시스템은 안정적으로 저장된 데이터 대상에 대해 일시적인 조회를 하는 검색 시스템과 대칭적이다.

선택 기계 해부

정보 검색 시스템의 일반적인 모형은 보통 〈그림 7.1〉의 형태와 같이 정보 검색 교과서에서 발견되는데, 서술의 목적에 따라 추가적인 서술의 상세한 정도가 변한다.

〈그림 7.1〉 선택 시스템의 일반적인 모형

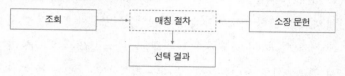

조회와 문헌 사이에는 대칭이 존재한다. 조회가 소장 문헌에 부과될 수도 있고("즉석 검색"), 고정된 조회에 대해 문헌의 흐름이 매치될 수도 있다(여과).

조회를 기록과 매치하기 위한 다양한 절차가 있다. 즉, 정확한 매치, 부분적인 매치, 축약어를 사용한 매치(절단), 위치와 기타 관계, 조회 요소의 논리적인 결합(불 방식 매칭Boolean matching, 예컨대 개 그리고 고양이) 등이 있다. 부분적인("더 취약한") 매칭의 수준은 한계가 없으며 다양한 기술이 서로 결합될 수 있다. 정보 검색에 대한 매우 광범위하고 기술적인 문헌의 대부분은 사소한 변형의 적용에 관한 서술로 구성되어 있다. 어떤 개별 선택 시스템의 운영에 관한 서술에도 시스템의 특별한 요소와 작업 흐름에 관한 상세한 그림이 필요할 것이다. 그렇지만 여기에서는 오직 일반적인 서술만 제공하며, 문헌 내 탐색과 문헌 탐색 사이의 간단한 구분에서 시작한다.

텍스트 탐색

선택의 간단한 사례 하나는 워드 프로세싱 소프트웨어에서 제
공하는 찾기Find 명령어인데, 찾기 명령어는 "찾기" 영역에 입력
된 문자열은 무엇이든 받아들인 다음, 전체 텍스트를 순차적으
로 단어별로 살펴 조회하는 문자열과 각 단어를 비교해서 발견
된 순서에 따라 각 매치에 주목하게 한다.

 탐색해야 하는 텍스트의 분량이 많은 경우, 사전 처리를 통
해 텍스트에서 발견된 모든 단어를 수록한 색인을 생성하고 각
단어가 출현하는 위치를 제공해 탐색의 속도와 효율성을 크게
향상시킬 수 있다. 모든 단어는 발견되는 대로 색인으로 만들
어진다. 요소의 이러한 재편은 컴퓨터 용어로 도치 파일inverted
file이라 불린다.

 어떤 텍스트에 출현하는 단어에 대한 색인의 전통적인 명칭
은 용어 색인concordance이지만, 엄격하게 말하자면 텍스트 탐색
은 단어를 사용하지 않고 공간에 의해 분리된 문자열을 사용한
다. 단어는 모호한 의미뿐 아니라 이종 철자를 가질 수 있고,
서로 다른 의미를 지닌 상당히 다른 단어가 동일한 철자를 가
질 수 있는데, 이러한 변형은 구분되지 않는다. 대문자와 소문
자는 동일한 것으로 취급될 것이고 구두점은 제외될 것이지만,
모든 글자는 의미와 관계없이 발견되는 순서대로, 자동으로 색

인으로 만들어진다.

문자열을 텍스트 전체에서 탐색full-text searching하는 것은 매우 경제적인데, 왜냐하면 인간이 수행할 경우 비싼 색인 비용이 들기 때문이다. 탐색하는 사람이 조회에 사용하는 단어가 탐색 대상 텍스트에서 사용된 용어와 매치되는 한 발견과 선택은 잘 작동한다.

효율을 위해 관사(예컨대 a, an, the)와 전치사(예컨대 at, from, to)처럼 탐색할 때 유용하리라고 기대하지는 않지만 매우 빈번하게 발견되는 단어를 용어 색인에서 제외("중지")할 수 있다. 많은 세부 조정이 추가로 제공될 수 있다. 예를 들면, 알려진 철자의 변형을 통합하는 것, 각 문헌에 나타나는 단어의 상대적인 빈도를 활용해 탐색 단어가 더욱 빈번하게 출현하는 문헌에 검색 결과 배치의 우선권을 부여하는 것이 그것이다.

더욱 정교한 알고리즘algorithms이 인접 단어를 참조해서 서로 다른 의미를 추정하는 데 사용 될 수 있다. 예를 들어, 문자열 bank는 만약 물, 물고기, 배와 같은 단어와 가깝게 사용된다면 강둑을 지칭할 가능성이 크지만, 금융, 담보, 관리자와 같은 단어에 가깝다면 금융기관을 지칭할 가능성이 더욱 크다. 결합의 중요성이 표현될 수 있도록 정보와 검색처럼 보통 서로 바로 옆에 나타나는 용어의 짝을 더 많이 대변하는 것이 정교함의 또 다른 사례가 될 것이다. 텍스트의 단어 조합에 대해 알

고리즘을 통해 생성된 복잡한 표현을 개발하는 데 많은 재능이
투여되었다.

도서관 목록

전형적인 온라인 도서관 목록은 상당히 다른 접근 방식을 제공
한다. 주의 깊게 구성된 색인 — 데이터베이스 — 이 생성된다. 각
도서관이 소장한 도서와 정기간행물에 대한 정확하고 상세한 서
술은 4장에서 논의한 것처럼 신중하게 규정되고 표준화 방식으
로 생성된다. 4장에서는 대상-속성-가치의 접근 방법이 사람-
나이-45, 책-주제-경제학이라는 사례를 통해 제시되었다.

　도서관 목록에는 중요하다고 간주되는 각 측면 — 특히 저자,
제목, 주제, 날짜, 출판사, 출판 장소 — 이 표시되는데, 일관된 용어
를 사용해 세계적으로 다른 도서관과 경쟁할 수 있는 목록의
기록을 만드는 방법으로서 각각에 대해 정확한 표현을 생성한
다. 속성과 가치에 대한 일련의 사례를 들어보면 다음과 같다.

　　저자: 라이트(Wright), 알렉스(Alex)
　　제목: 과잉: 시대를 관통하는 정보 습득(Glut: mastering informa-
　　　　　tion through the ages)

주제: 정보 조직 - 역사

주제: 정보사회 - 역사

청구번호: Z666.5.W75 2007

날짜: 2007.

규격: 286p.; 24cm

출판사: 조셉 헨리 출판사

출판 장소: 워싱턴

이전 장에서 언급했듯이 이러한 종류의 서술적인 메타데이터는 서술과 탐색이라는 두 가지 서로 다른 목적에 기여한다. 제본 방식, 활자체, 종이, 무게와 같이 일부 도서관 이용자가 관심을 가질지 모르는 포함 가능한 기타 속성이 많이 있지만, 목록과 목록을 만드는 일에는 돈이 들기 때문에 오직 가장 중요하다고 간주되는 속성에만 투자가 이루어진다. 나아가 탐색 가능한 색인의 생성과 유지에 상당한 자원이 소비되기 때문에 단지 일부 속성만 탐색할 수 있도록 만들어진다. 이 사례에서는 종종 오직 처음 네 가지 속성(저자, 제목, 주제, 청구번호)만이 검색 가능하게 될 것이다. 나머지 네 가지 속성(날짜, 규격, 출판사, 출판 장소)은 보통 검색 가능하지 않지만 기록이 발견될 경우 서술로서 표시된다.

초기 온라인 목록에서는 카드 목록에서처럼 하나의 속성과

하나의 가치를 '찾기 저자 라이트, 알렉스FIND AUTHOR WRIGHT, ALEX'와 같은 형태로 특정했다. 따라서 제목으로 검색하기 위해서는 제목을 정확하게 알거나 적어도 그것이 어떻게 시작되는지는 알아야 했다. '찾기 제목 과잉FIND TITLE GLUT'은 "과잉"이라는 단어로 시작하는 모든 제목을 찾게 될 것이다. 컴퓨팅이 더욱 가용되면서 앞에서 서술한 전체 텍스트 탐색 기술이 추가되어 제목 안에서 개별 단어를 탐색하는 것이 가능해졌다. 나아가, 불 방식 탐색으로 불리는 복합적인 조회를 위한 지원이 가능해졌다. '찾기 제목 과잉 그리고 저자 라이트, 알렉스FIND TITLE GLUT AND AUTHOR WRIGHT, ALEX'의 형태에서는 두 가지 조건 모두를 만족하는 기록만 검색될 것이고, '찾기 제목 과잉 또는 저자 라이트, 알렉스FIND TITLE GLUT OR AUTHOR WRIGHT, ALEX'의 형태에서는 두 가지 조건 가운데 적어도 어느 하나를 만족하는 기록이 검색될 것이다.

속성의 선택과 가치의 표시는 일관성과 상호 운용 가능성을 달성하기 위해 설계되어 오랫동안 정립된 목록 부호를 따른다. 기록의 생성, 탐색 가능한 색인의 준비, 조회의 제기 절차, 탐색 결과의 배치에는 일련의 단계가 있다. 이러한 단계를 분석해보면 연쇄적으로 기록과 운용이 번갈아 나타난다. 도서는 목록 생성의 절차에 따라 목록 기록에 영향을 미치고, 목록 기록은 탐색 가능한 색인을 생성하기 위해 운용되고, 사용자의 조회는 공식적인 조회로 형성되고, 공식적인 조회와 탐색 가능한 색인이 매치되어 선택 조합이 산출되며, 선택 조합은 분류되어 절차에 따라 진열되는 것 등이다. 각 과정에서 새로운 조합이 획득된다. 이 과정들은 상당히 다른 두 과정으로 나뉘는데, 해당 대상을 수정하는 과정과 그 대상을 재배치하는 과정이다. 이 두 과정은 4장에서 언급한 페어손의 표시하기, 놓아두기와 일치한다.

실제로, 탐색은 보통 일련의 탐색 단계로 이루어진다. 우리는 아마 주제명 표목을 둘러보는 것으로 시작할 것이고(첫 번째 탐색), 적절한 주제명 표목이 선택되면 그 표목과 관련된 하나 또는 그 이상의 문헌을 찾기 위해 탐색할 것이고(두 번째 탐색), 한두 종의 선택된 문헌을 조사해보니 수정 탐색이 더욱 유용하다고 판단된다면 그렇게 할 것이다(세 번째 탐색).

부록 A에서는 이렇게 정확하게 설계된 시스템에 대해 세심하게 편집된 기록과 함께 더욱 상세하게 설명한다.

웹 탐색

도서관 목록과 잘 편집된 데이터베이스는 월드 와이드 웹World Wide Web이 출현하기 전에 발달되었는데, 세심하게 준비된 기록,

표준화한 양식, 정확한 탐색 기회가 특징이다. 웹페이지는 도서관 목록의 특징인 표준화, 세심한 편집, 잘 구성된 내용을 가지고 있지 않아 새로운 도전 과제를 제기했다. 일반적으로 주제에 대한 서술이 결여되고, 설령 제공되더라도 표준화한 것이 아니다. 또한 웹페이지와 기타 문헌을 생성하는 사람은 관심을 끌기 위해 호도하는 서술을 의도적으로 추가하기도 한다. 웹페이지 생성에 대한 통제 결여와 방대한 양으로 인해 도서관 목록을 만드는 것과 비교할 만한 어떤 방법으로 웹 목록을 생성하는 것은 불가능하다.

채택된 기본적인 해결책은 간단하다. 웹을 내려받고download 텍스트로 취급한다. 웹을 탐색crawl하도록 설계된 소프트웨어는 최대한 많은 페이지를 내려받는다. 웹 탐색기web-crawler에 의해 발견된 각 페이지는 복사되고 저장된다. 저장된 페이지의 각 단어는 그 페이지에 대한 색인을 생성하는 데 이용된다. 모든 페이지에 대한 모든 색인 항목이 결합되어 수집된 페이지 모두에 대한 색인으로 통합된다. 각 조회는 하나 또는 그 이상의 단어 형식으로 표현되어, 통합된 색인을 통해 단어를 하나 또는 그 이상 포함하고 있는 페이지로 이어진다.

이러한 접근 방법을 통해 광대한 분량의 웹페이지 가운데 지극히 경제적이고 신속한 선택이 가능해졌지만, 웹의 규모 때문에 어떤 조회 결과도 불편할 정도로 방대하거나, 유용한 순서

> 66
>
> 웹페이지 생성에 대한 통제 결여와
> 방대한 양으로 인해
> 도서관 목록을 만드는 것과 비교할 만한 어떤 방법으로
> 웹 목록을 생성하는 것은
> 불가능하다.
>
> 99

가 없을 가능성이 크다. 어떤 문헌이 "주제와 관한"것인지 아는 것에 더해 어떤 것이 어떤 의미에서 다른 어떤 것보다 선호되는지를 아는 것, 검색 결과를 제시할 때 그러한 우선권을 주는 것이 유용할 것이다. 그 해결책은 학계에서 나온 원칙에 적응하는 것이었다. 중요하다고 간주되는 저술이 그렇지 않은 저술에 비해 인용될 가능성이 더 크기 때문에 어떤 특정한 도서나 논문의 인용 빈도는 중요성 또는 적어도 인기의 지표로 간주될 수 있다. 웹페이지는 연계link를 통해 서로를 인용해서 어떤 특정한 웹페이지에 대한 연계 숫자는 동일한 방식으로 웹 검색에서 발견된 페이지를 분류하고 순위를 매기는 데 사용될 수 있다. 내려받기, 색인 구축, 페이지 순위 지정과 같은 조합을 통해 심지어 주요한 단순화(문자열과 페이지 순위에 의존)가 이루어지더라도 강력하고 효율적인 선택 서비스가 제공된다.

웹 탐색에 대한 어마어마한 수요에 따라 진열된 페이지에 삽입된 광고와 후원받는sponsored 페이지를 더 돋보이게 진열하는 대가로 상당한 수익이 가능해졌다. 이 수익으로 모든 웹페이지를 전통적인 방법의 목록으로 만드는 것은 불가능하더라도 탐색 결과를 향상시키는 매우 정교한 소프트웨어의 개발은 가능해졌다. 철자-점검 소프트웨어와 전체-텍스트 탐색에 사용되는 기타 기술은 대체 탐색을 제안하는 데 사용될 수 있다. 사전과 유의어 사전은 일부 어휘 통제(예컨대, 동의어와 변형 철자의 연

“

내려받기,

색인 구축,

페이지 순위 지정과 같은 조합을 통해

심지어

주요한 단순화(문자열과 페이지 순위에 의존)가 이루어지더라도

강력하고 효율적인 선택 서비스가 제공된다.

”

결)와 더불어 탐색 가능한 색인을 정교하게 만드는 데 사용될 수 있다. 개인이 실행한 탐색의 역사는, 기록이 되면 검색하는 사람의 의도를 참조하거나 관련된 선택을 제안하거나, 관심을 가질지도 모르는 광고를 진열하기 위해 분석될 수 있다.

기타 사례

"기업탐색"은 조직의 기록을 통제할 필요가 있고 필요할 때 적합한 자료를 찾을 수 있는 능력에 의존하는 공공 및 민간 부문의 대규모 조직에서 사용된다. 웹보다는 규모가 훨씬 작겠지만 거대해질 수 있다. 더욱 중요한 것은 시간이 지나면서 표준, 용어, 소프트웨어의 변화가 기록과 소프트웨어의 노후화로 이어지고 그에 따라 접근, 보안, 보존을 유지하는 것이 점점 더 어려워지게 된다는 점이다. 인수와 합병으로 인해 생소한 자료, 이전에는 지원되지 않았던 소프트웨어에 대처할 필요가 생긴다. 이러한 어려운 환경에서는 서로 다른 접근 방법이 결합될 것이다. 도서관 목록에서처럼 종종 시소러스thesaurus 또는 온톨로지ontology로 부르는 통제 어휘controlled vocabularies가 적당한 경우 전체-텍스트 검색에 사용된 기술과 함께 사용될 것이다. 많건 적건 간에 일관된 환경을 제공하는 문헌 관리 소프트웨어가 대부분의 기업 혹은 모든 기업의 기록을 위해 사용될지도 모른다.

우리는 텍스트를 탐색하면서 함께 등장하는 단어를 찾아볼 수 있다. 이와 유사하게, 알려지거나 기대하지 않은 흥미로운 관계와 변칙을 암시할지도 모르는 통계적으로 의미 있는 관계를 찾기 위해 어떤 종류의 데이터 세트도 조사할 수 있다. 판매 기록, 사회적 매체, 뉴스 리포트의 데이터 마이닝data mining이 그 사례다.

요약

정보 검색이라는 문구는 이미 알려진 문헌을 찾아서 가져오는 것뿐 아니라 아직 알려지지 않은 자원을 탐색하고 발견하는 더 어려운 과업과 관련하여 사용된다. 기본적인 접근 방법은 문헌 또는 문헌에 대한 서술과 조회를 매치하는 것이다. 텍스트가 순차적으로 탐색될 수 있지만 텍스트에 있는 단어를 이용해 색인으로 만드는 것이 더 효율적이다. 이에 대한 대안으로 도서관 목록의 경우처럼 세심하게 준비된 서술 데이터베이스가 탐색될 수도 있다. 모든 선택 기계장치, 즉 여과 서비스와 검색 시스템 모두 단 두 가지 요소로 구성되었다고 간주될 수 있다.

대상(데이터 세트)과 대상의 운용이 두 요소다. 오직 두 종류의 운용이 있다. 즉, 대상의 표현에 대해 수정된 형태를 획득하는 변형과 결합, 분리, 순위 매기기, 기타 비슷한 분류 작업에 따른 대상의 배치(또는 재배치)가 그것이다. 이 두 종류의 운용이 페어손의 표시하기와 놓아두기이며 각각 의미론적으로semantic, 구문론적으로syntactic 서술될 수 있다.

다음 장에서는 어떻게 선택 수단이 평가되는지 살펴보자.

8

선택 방법의 평가

❖

1960년대에 검색 평가에 대한 진지한 연구가 시작되었을 때 적합성relevance이 선택 성공의 기준으로 채택되고 두 가지 방법으로 측정되었는데, 적합한 문헌 선택의 완전성(재현recall)과 오직 적합한 문헌만 선택한다는 면에서의 질(정확성precision)이 그것이다. 실제로, 둘 사이의 절충이 발견된다. 적합한 문헌의 선택에서 완전성을 성취하려고 하면 할수록 부적합한 문헌이 증가하는 경향이 있고, 반면에 부적합한 문헌이 선택되는 것을 줄이려는 노력은 선택된 적합 문헌의 완전성을 감소시키는 경향이 있다.

정보 검색에서 적합성은 중심 개념이고 선택 시스템의 평가를 좌지우지하지만 몇 가지 문제가 있다. 실제로, 문헌을 간단히 적합성을 기준으로 취급하면 매우 편리하겠지만, 이는 비현실적인 단순화이다. 종종 문헌은 어떤 의미에서는 적합하고, 적합성은 어떤 문헌이 선택되었느냐에 따라 다르며, 어떤 사람에게는 적합하지만 다른 사람에게는 적합하지 않고, 어떤 때에는 적합하지만 다른 때에는 적합하지 않다. 증거로서의 문헌의 속

"

실제로,

문헌을 간단히 적합성을 기준으로 취급하면

매우 편리하겠지만,

이는 비현실적인 단순화이다.

"

성과 역할에 대한 인지적 필요가 이에 대한 설명이 될 것이다.

적합성, 재현, 정확성

1. 재현은 완전성에 대한 척도다. 어떤 특정한 조회를 통해 얼마나 완전하게 적합 문헌이 검색되었는가? 적합한 모든 문헌이 검색되었는가? 그렇지 않다면, 얼마나 많이? 어느 정도로? 그 대답은 보통 조회에 대응하여 검색 시스템이 찾아낸 적합 문헌이 소장 적합 문헌 전체에서 차지하는 비율로 표현된다. 따라서 예컨대, 소장 문헌 가운데 총 10건의 적합 문헌이 있는데 오직 8건만 검색되었다면, 재현의 성과는 10건 가운데 8건, 즉 80%다. 서로 다른 다양한 조회 결과를 평균해서 더 광범위한 기반의 평가를 수행할 수도 있다.

2. 정확성은 순도에 대한 척도다. 검색된 조합에 오직 적합 문헌만 포함되었는가, 아니면 원하지 않았거나 부적합한 문헌이 잘못되어서("착오 검색false drops") 포함되었는가? 정확성은 조회에 적합한 문헌이 검색된 조합에서 차지하는 비율을 나타내는 기술적인 용어로 사용된다. 10건의 문헌이 검색되었는데 오직 6건만 적합 문헌이고 4건은 부적합

문헌이라면, 정확성은 10건 가운데 6건, 즉 60%이다.

　적합한 항목 전부를 검색하고(완벽한 재현) 오직 적합한 항목만 검색한다는(완벽한 정확성) 분명한 목표는 실제 거의 달성되지 않는다. 검색 성과에서 완전성을 높이려는 노력은(더 높은 재현) 부적합 문헌이 검색되는 수효를 증가시키는 경향(더 낮은 정확성)이 있다. 더 높은 정확성을 달성하기 위해 부적합 문헌을 회피하려는 노력은 검색되지 않는 적합 문헌의 수효를 증가시키는 경향(더 낮은 재현)이 있다. 우리는 모든 적합 문헌을, 그리고 오직 적합 문헌만 검색하기를 원할지도 모른다. 그렇지만 실제로는 모든 적합 문헌을 다 찾지만 오직 적합 문헌만을 찾지는 않는 방법과 오직 적합 문헌만을 찾지만 모든 적합 문헌을 다 찾지는 않는 방법 가운데 선택해야만 하는 것처럼 보인다. 어느 경우에도 결과는 완벽한 것에는 못 미친다. 이러한 경험적인 결과는 정상으로 받아들여질 만큼 자주 발생한다. 왜 이런 일이 발생하는지 부록 B에서 설명한다.

무작위적인, 완벽한, 현실적인 검색과 재현

소장 문헌이 무작위로 검색된다면 당장 검색되는 문헌이 적합 문헌일 가능성은 항상 동일할 것이다. 예컨대 1000건의 소장 문헌에서 특정한 조회에 적합한 문헌이 100건(딱 10%)이라고 가정해보자. 그렇다면 그 소장 문헌이 무작위로 검색될 때 당장 검색되는 문헌이 적합 문헌일 가능성은 이 사례에서 1000건 가운데 100건, 100건 가운데 10건, 즉 10%로 유지될 것이다. 그 결과 검색된 적합 문헌의 건수는 점차 천천히 증가하겠지만 소장 문헌 가운데 모든 또는 거의 모든 문헌이 검색될 때 까지 완결(100% 재현)되지는 않을 것이다.

완벽한 검색 시스템은 적합 문헌이 하나도 남지 않을 때까지 오직 적합 문헌만 검색할 것이다. 이처럼 이상적인 경우 재현의 척도는 처음으로 적합 문헌 100건이 모두 검색될 때 신속하게 100%로 증가할 것이다. 당연히 적합 문헌 100건이 처음 검색된 이후에 추가로 검색되는 문헌에서는 어떤 적합 문헌도 발견되지 않아야 한다. 그렇지만 모든 적합 문헌이 검색되었기 때문에 이후에도 재현의 척도는 완벽하게 100%로 유지될 것이다.

어떤 실제 검색 시스템도 완벽에는 못 미치고 무작위보다는 낫다고 가정하는 것이 현실적이며, 그래서 이론적인 양극단 사이 어느 곳이 검색 시스템의 성능이 될 것이다. 검색은 무작위보다는 낫기 때문에 초기에는 성공하기도 한다. 즉, 초기에 검색되는 문헌은 적합 문헌일 경향이 있어서 검색이 진행됨에 따라 초기에는 재현의 성과가 신속하게 높아질 것이다. 그렇지만 이러한 초기 성공의 영향으로 아직 검색되지 않은 문헌 집합에서 적합 문헌의 비율은 점점 줄어들 것이다. 그 결과 현실적인 검색의 출발이 좋더라도, 여전히 소장 문헌에서 검색 가능한 적합 문헌이 차지하는 비중이 감소함에 따라 점차 성과는 낮아질 것이다. 모든 적합한 문헌, 그리고 적합한 마지막 문헌의 검색은(100% 재현) 소장 문헌의 대부분을 검색할 때까지, 심지어 모든 소장 문헌을 검색할 때까지 달성되지 못할지도 모른다.

무작위적인, 완벽한, 현실적인 검색과 정확성

이와 유사하게, 무작위로 문헌을 검색하면 적합 문헌이 당장 검색될 가능성은 항상 동일하다 — 우리 사례에서는 10건 가운데 오직 1건이다. 따라서 얼마나 많은 문헌이 검색되든지 상관없이 정확성은 약 10%가 되는 경향이 있다.

그렇지만 완벽한 검색에서는 처음 검색되는 문헌 100건은 모두 적합 문헌일 것이고, 따라서 정확성은 100%에서 출발해서 100%로 유지될 것이다. 물론 처음 100건을 초과해 검색되는 어떤 추가적인 문헌도 당연히 부적합 문헌이어야 하고, 검색이 계속되면 모든 소장 문헌의 검색이 완료될 때의 한계치인

10%에 이를 때까지 정확성은 점차 감소하게 될 것이다.

어떤 실제 검색 시스템도 완벽에는 미치지 못하지만 무작위보다는 낫고, 검색이 무작위보다는 낫기 때문에 초기 성공이 존재하며, 초기에는 적합 문헌이 검색되는 경향이 있다. 그 결과 시작할 때에는 정확성이 높겠지만, 검색이 계속됨에 따라 검색된 문헌 가운데 적합 문헌이 차지하는 비중이 줄어들면서 정확성은 하락하게 될 것이다.

재현과 정확성의 상충

우리는 이상적으로는 모든 적합 문헌을 검색하고(완벽한 재현) 오직 적합 문헌만을 검색하기(완벽한 정확성) 원하는데, 그렇게 되려면 완벽해질 때까지 재현과 정확성 둘 다 개선되어야만 한다. 그렇지만 경험에 따르면 실제로는 상충이 존재한다. 더 많은 적합 문헌을 검색하기 위한 더 광범위한 검색은 더 많은 부적합 문헌을 검색하는 결과로 이어지는 경향이 있고, 따라서 향상된 재현은 정확성을 대가로 한다. 한편 부적합 문헌을 배제하려는 더 신중한 검색(향상된 정확성)은 덜 완결된 검색 결과를 산출하는 경향이 있고, 그래서 향상된 정확성은 재현을 대가로 한다. 우리는 '모두-그러나-오직은 아닌all-but-not-only' 것과

'오직-그러나-모두는 아닌only-but-not-all' 것 가운데 어느 하나에 중점을 둘지 선택할 기회가 있지만, 둘 모두에 대한 기회를 동시에 가지고 있는 것은 아니다(더 상세한 설명은 부록 B 참조).

적합성의 문제

적합성은 선택 시스템 평가의 전통적인 기준이고 해당 분야에서 널리 가장 중심적인 개념으로 고려되고 있다. 그렇지만 적합성에는 정의를 포함해 여러 가지 심각한 문제가 있다. "적합한 것"은 조회하는 사람에게 필요한 것이 될 수도 있고, 즐거운 것이 될 수도 있으며, 가장 유용한 것이 될 수도 있다. 그렇지만 필요, 즐거움, 유용함은 동일한 것이 아니다. 게다가 평가는 매우 주관적일 것이고, 누군가 부적절한 정보를 가진 사람에 의해 탐색된다고 여겨지면 그 평가는 신뢰를 받지 못할 가능성이 클 것이다.

적합성은 조회하는 사람이 이미 알고 있는 것에 따라 달라지는 매우 상황적인 것이다. 검색하는 사람이 적극적으로 배우고 있거나 그래야 하기 때문에 정보 가치가 있는 문헌을 검색한다는 사실 자체가 검색하는 사람을 위한 적합성의 지위가 변경되도록 만든다.

어떤 항목도 다른 어떤 항목의 적합성에 영향을 미치지 않는 다는 의미에서 모든 항목이 독립되어 있다는 표준 전제는 편리 하지만 이는 설득력 없는 단순화이다. 두 문헌이 매우 유사하 다면, 보통 둘 다 필요한 것은 아니다. 더구나 문헌의 수량이 항상 변하기 때문에 문헌의 상대적 적합성은 불안정하다.

지금까지의 논의에서는 적합성이 적합 또는 부적합 두 부분 으로 나뉜다고 전제했다. 이 또한 비현실적이다. 실제로 특정 문헌은 얼마간 적합하거나, 부분적으로 적합하거나, 미미하게 적합하거나, 적합성이 불확실하다. 이 모든 것을 더해 보면, 적 합성에 관한 판단은 다른 평가자 사이에, 또한 동일한 평가자 의 경우에도 시간에 따라 일관되지 않는 경향이 있다.

정보 서비스에는 분명한 목적이 있으며 어떤 문헌이 누군가 의 정신 활동에 이롭다면 그 문헌에는 적합성이 있다고 한다. 이는 어려운 문제를 추가로 만든다. 누구에게 이로운 것인가? 이로운 것이 무엇인지 누가 결정하는가? 그 이로움을 어떻게 측정하는가?

적합성이 어려운 이유

이러한 모든 어려움을 감안하면, 적합성이 정보과학의 중심으로 간주되었지만 여러 탁월한 인물의 지속적인 관심에도 불구하고 여전히 문제로 남아 있다는 것은 놀라운 일이 아니다. 하워드 화이트Howard White(2010)는 적합성 이론에 대해 탁월하게 설명한다. 그는 '적합성을 잘 이해하더라도 비평가들이 내내 지적했듯이 그것에 대한 만족스러운 정의, 관찰, 과학적인 취급은 제한된다'고 정확하게 진술했다.

문헌이 적합성을 지니려면 반드시 실제 인간의 정신적 활동에 유용해야 한다. 그러므로 적합성은 주관적이고 고유하며 예측하기 힘들고 불안정한 것이다(특정한 사람의 특정한 필요에 대한 적합성은 종종 적절성pertinence으로 명명된다). 일반적으로 특정 문헌은 추정된 사용자 집단의 특정 시기나 특정 조회에 적합할 가능성이 있다고 추측할 수 있을 뿐이다.

기본적인 문제는 문헌에 물리적인 측면과 정신적인 측면이 모두 있다는 것이다. 과학적인 측정은 측정 대상인 물리적인 어떤 것이 존재한다는 데 의존한다. 문헌의 물리적인 측면은 측정될 수 있어서 과학적으로 다루어지지만, 매우 상황적이고 불안정하며 고유하고 주관적인 정신적 차원은 그럴 수 없다. 이렇듯, 모든 문헌에 의미도 있지만 또한 접촉할 수 없는 정신적인 측면이 있기 때문에 문헌의 적합성은 과학적으로는 측정될 수 없다. 이러한 이유로 과학성은 형식적인 추론과 반증에 기초한 수학, 물리학 같은 형식적·물리적 과학의 규범적 의미

"

문헌이 적합성을 지니려면

반드시 실제 인간의 정신적 활동에 유용해야 한다.

그러므로 적합성은

주관적이고 고유하며

예측하기 힘들고 불안정한 것이다.

"

에서는 결코 만족스럽게 과학의 문제가 될 수 없다.

실제로 우리는 동떨어진 대안에 의지한다. 오직 물리적인 측면만 이용할 수 있다. 주로 부호화한 문자열을 사용하며, 동일한 주제에 대한 담론일지도 모르는 문헌에서 유사한 문자열을 발견하기 위해 조회의 문자열을 이용한다. 문자열의 매칭은 상당히 잘 작동하지만 크게 믿을 만한 것은 아니다. 심사원에게 문헌이 가상의 조회자에게 적합할 것인지 예측해보라고 요청해볼 수도 있다. 검색한 뒤에 조회자에게 문헌이 적합한 것이었는지 물어볼 수도 있다. 그렇지만 누군가 다른 사람에게는 또는 동일한 사람이라도 다른 시간에는 어떤 판단도 유효하지 않을지 모른다.

문헌에 오직 물리적인 측면만 있고 정신적인 측면이 없다면 적합성에 대한 과학적인 접근 방법은 매우 잘 작동할 수 있을 것이다. 클로드 섀넌Claude Shannon에 의해 소통 이론으로 개발되어 지금은 정보 이론으로 더 잘 알려진, 신호의 신뢰성 모형에서 이런 상황을 볼 수 있다. 이 모형의 과학적인 질과 실질적인 유용성에는 의심할 여지가 없으며, 이 모형에는 정신적이거나 사회적인 속성 없이 오직 물리적인 속성만 있기 때문에 질과 유용성이 달성될 수 있다. 이 정보 이론을 도서관과 정보과학의 중심 요소로 만들려는 소망은 성공적이지 않은 것으로 확인되었는데, 그 이유를 아는 것은 어렵지 않다. 각 개인이 아는 것과 관련된 어떤 정보과학에도 정신적인 시각이 필요한데, 섀넌-위버Shannon-Weaver 정보 이론이 강력한 이유는 그 이론이 정확하게 정신적인 측면을 배제한다는 데 있다. 이 이론은 대기 이론queuing theory, 기타 양적 도구와 마찬가지로 하나의 도구로서 유용할 수는 있지만 그 이름에도 불구하고 더 특별한 어떤 지위를 주장할 수는 없다.

그렇다면 궁극적으로 적합성은 편리하고 추측된 관계이고, 유능한 연구자가 50여 년을 노력했음에도 잘 정의되지 않으며 어떤 직접적인 방법으로도 측정되지 않은 채 남아 있다는 것은 놀라운 일이 아니다. 그런데도 그런 척도는 필요하고 그래서 편리한 대안 ─ 보통 유사한 단어의 사용 ─ 이 대신 이용된다. 즉, 만약 누군가 자전거에 관한 문헌을 요구한다면, "자전거"라는 단어를 포함하는 어떤 문헌도, 적어도 부분적으로는, 자전거에 관한 것이고 그래서 선택 문헌의 조합에 추가할 만한 가치가 있다고 추론할 것이다.

요약

적합성은 선택 시스템의 평가에서 가장 중심적인 개념이지만 그것을 척도로 사용하는 것은 복잡한 현실의 매우 심한 단순화에 의존한다. 선택의 완전성(재현)과 선택의 순도(정확성)는 필연적으로 상충하게 된다. 더욱 근본적인 문제는 문헌의 지위에 물리적인 존재 이상의 것이 포함된다는 점이다. 문헌에는 또한 인지적인 요소가 있는데, 이 요소로 인해 측정이 어려워지고 그 결과 적합성을 양적으로 다루는 것은 매우 유용할 수 있지만 여전히 비과학적이다.

9

요약과 성찰

❖

요약

정보라는 단어는 보통 비트, 책, 기타 물리적인 매체, 무언가를
의미하는 것으로서 받아들여지는 어떤 물리적인 것, 즉 넓은
의미에서 문헌에 관련된다. 정보를 물질로 생각하는 것은 쉬운
일이지만 여권의 사례를 통해 그 물질이 얼마나 깊게 사회 활
동에 뿌리박힐 수 있는지 알게 된다.

커져가는 정보의 중요성은 점진적인 분업에서 획득되었는
데, 이를 통해 수렵과 채집에서 점차 복잡한 사회로 이전하는
것이 가능해졌다. 우리는 더욱더 많이 협력에 의존하는데, 이
는 실제로 정보에 의존한다는 것을 의미한다. 이처럼 정보에
대한 의존이 증가하는 것은 중립적이지 않다. 왜냐하면 정보가
단독으로 사용되든 집단이나 조직을 통해서든 관련된 모든 사
람의 의제를 진전시키기 위해 의도적으로 사용되기 때문이다.
엄격히 말하면, 모든 단체와 사회는 협력과 소통에 의존한다.
정보사회의 의미는 우리가 살아가는 방식이 점차 여러 형태의

문헌 사용에 의해 특징지어지게 되었다는 것이다. 인간의 지식과 무관한 전문적이고 기술적인 분야에 "정보"라는 단어를 사용하는 것은 현재 우리 관심 밖의 일이다.

모든 살아 있는 생명체는 지각하고, 의미 있게 만들고, 적절하게 반응하는 능력에 생존을 의존한다. 따라서 다른 사람이 반응하도록 무언가를 표현하는 의사소통은 어떤 협력을 위해서도 결정적인 것이다. 인간은 언어를 사용하고 형상을 만들고 대상을 진열하고 도구를 사용하는 데 예외적인 능력을 지닌 별도의 존재다. 선사시대 이래 쓰기, 인쇄, 통신, 복사 네 가지 종류의 정보기술이 점차 중요해졌는데 각각 증기, 전기, 사진, 지금은 디지털 컴퓨팅을 포함한 연속된 공학 발전에 힘입었다.

밀려드는 문헌의 조류로 인해 문헌들을 조직하려는 시도, 무엇을 믿어야 할지 알아야 하는 도전 과제, 문제와 기회 모두에 대해 서술하는 상상력 넘치는 비유적인 언어가 등장했다.

일반적으로 문헌은 보통 텍스트인 그래픽 기록으로 어떤 의미를 표현하기 위해 창조된다. 그렇지만 웨일스Welsh의 정체를 표현하는 부추leeks와 같이 거의 모든 것이 문헌으로서 기능하도록 만들어질 수 있다. 기호론적인 견해에서 의미는 관찰자의 마음에 구축되어 어떤 대상도 무언가를 의미하는 것으로 인식될 수 있고, 이러한 의미에서 문헌으로 간주될 수 있다. 따라서 문헌은 증거라는 생각을 유지한다면 광범위하고 다양한 대상

66

정보사회의 의미는

우리가 살아가는 방식이

점차 여러 형태의 문헌 사용에 의해

특징지어지게 되었다는 것이다.

99

과 행위가 이처럼 확장된 의미에서는 "문헌"으로 간주될 수 있다. 문헌으로 간주되는 어떤 것도 물리적인 형식에 더해 무언가를 의미하는 것으로 인식되어야만 하고 공유된 이해 양식("문화적인 관례")에 의존해야만 한다. 데이터 세트는 문헌의 한 종류이지만 디지털 데이터 세트에 접근해 그것을 사용하게 만드는 기반 구조는 인쇄물의 경우보다 훨씬 덜 발전했다. 필요한 것은 원칙적으로 동일하다. 학계의 관행과 기반 구조, 서지학, 문헌화 또는 정보과학으로 다양하게 알려진 분야에 적절한 현대화가 필요하다.

각 개인은 배우고 증명하고 소통하고 기록하고 즐기고 추적하는 다양한 방법으로 문헌을 사용한다. 다른 사람과의 상호작용은 점점 더 메시지와 문헌을 통해 이루어진다. 그것을 어떻게 사용하고 그것에서 무엇을 이해하는지는 우리 문화의 필수적인 부분이다. 우리 각자는 작지만 복잡한 세상에서 살고 있고 쓰기, 읽기, 이해하기 모두 문화적인 맥락에서 일어난다. 심지어 사실 조차도 맥락에서 이해될 필요가 있다.

필요한 문헌을 발견하고 필요할 때 사본을 획득하는 문제는 서술 만들기와 수집물 갖추기, 즉 표시하기와 놓아두기를 통해 처리된다. 목록은 가상의 수집물이다. 탐색은 문헌에 서술을 배정하는 것에 의존하고 그 뒤 조회와 서술이 매치되지만, 우리가 과거의 언어와 미래에 대한 가정에 의존하기 때문에 서술과 조회가 어려워질 수 있다.

문헌의 주제를 명명하는 것은 표기(단어 또는 부호), 어휘 통제(표준 용어), 복잡한 주제의 결합(예컨대, 베니션 블라인드venetian blind와 눈먼 베네치아인blind Venetian), 정밀도(얼마나 상세한가)에 따라 다양하다. 서술은 언어활동이고, 언어가 진화하기 때문에 노후화한다. 언어는 문화적이기 때문에 민감한 주제에 대한 서술에는 논쟁의 여지가 있다.

문헌에 대한 서술("메타데이터")은 기술적·행정적·주제적 측면을 다루며 문헌의 특징과 관심 있는 문헌인지를 이해하는 데 도움이 된다. 서술은 주제명 표목과 같은 서술 요소를 각 문헌에 연결하는 것에 의해 만들어진다. 이 관계를 뒤집어 문헌을 주제명 표목에 연결하고, 색인을 창조해 어떤 주어진 특징을 지닌 문헌을 발견한다는 두 번째 목적에 부응한다. 문제는 사용하는 다양한 모든 자연적·인공적(부호와 분류) 언어 사이의 차이에서 발생한다. 그래서 익숙한 언어의 익숙한 용어에서 낯선 언어의 낯선 용어로 인도하는 연계가 필요하다. 지리에서의 장소와 공간, 시간에서의 달력과 사건, 수학에서의 공식과 설명 같은 일부 이중적인 명명 시스템이 있는데, 여기에서 두 방식은 유용하게 결합될 수 있다. 중요한 단순화 기법 하나는 누가, 무엇을, 언제, 어디서와 같이 근본적으로 다른 개념 형태(측면)에 따라 구분하는 것이다. 각 형태의 용어는 다양한 언어에 걸쳐 유용하게 연계될 수 있지만, 실제 맥락에서 이렇게 개념적으로 다른 요소는 항상 결합되며 이러한 복합적인 관계를 활용할 많은 기회가 있다.

모든 선택 기계장치 — 탐색, 발견, 여과, 검색을 위한 시스템 — 는 단 두 가지 주요한 형태가 결합해 구성된 것으로 간주할 수 있다. 대상(데이터)과 대상에 대한 운용이 그 두 형태이다. 오직 두 종류의 운용이 있는데, 변형(대상의 표현에 대한 수정된 형태를 획득하는 것)과 대상의 배치 또는 재배치(결합, 구분, 분류, 순위 매기기)가 그것이다. 이 두 가지 운용(표시하기와 놓아두기)은 각각 의미론적·구문론적으로 서술될 수 있다. 더욱 익숙한 용어는 서술과 배치일 것이다. 선택 시스템은 이 둘 가운데 한 형태의 일련의 운용, 즉 수정된 대상의 조합을 획득하거나 조합에서 또 다른 배치를 생성하는 것으로 간주될 수 있다.

선택 시스템의 평가에서 전통적인 기준은 그 분야의 가장 중심적인 개념인 **적합성**이다. 모든 적합 항목, 그리고 오직 적합 항목만 선택되어야 한다는 발상이지만 이러한 간단한 소망이 여러 가지로 문제가 된다. 적합한 것은 조회하는 사람이 요구하거나 그에게 필요한 것, 또는 즐겁거나 가장 유용한 것일 수 있다. 그렇지만 요구, 필요, 즐거움, 유용함은 동일한 것이 아니다. 게다가 평가는 매우 주관적일 것이다. 누군가 부적절한 정보를 가진 사람에 의해 검색이 이뤄진다고 여겨지면 그 평가는 신뢰를 받지 못할 가능성이 클 것이다. 적합성은 조회하는 사람이 이미 알고 있는 것에 따라 달라지므로 매우 상황적인 것이고, 검색하는 사람이 적극적으로 배우고 있거나 그래야 하기 때문에 불안정하다. 게다가, '적합한 것 모두 그리고 오직 적합한 것만'이라는 목표는 모순인데, 왜냐하면 실제로 우리는 오직 (정확성)을 대가로 단지 모두(재현)만을 강조하거나 또는 그 반대의 경우만을 추구할 수 있기 때문이다. 문헌이 단순히 물리적인 것이 아니기 때문에 적합성은 문제가 된다. 대상은 어떤 종류의 증거로서 간주되기 때문에 문헌으로 고려되는 것이며, 이러한 주관적 측면이 객관적이고 양적인 측정을 약화시키는 것이다.

이러한 요약에 이어 약간의 성찰을 더할 수 있다.

과거와 미래

1장에서는 과학기술의 역할을 소개하기 위해 여권을 이용했고, 2장에서는 선사 시대 이후 인류가 어떻게 말, 춤, 몸짓, 그림을 넘어 쓰기, 인쇄, 통신, 복사라는 새로운 기술 발전의 경로를 따라 움직였는지 주목했다. 새로운 도구(증기, 전기, 사진, 지금은 디지털 컴퓨팅) 덕분에 소통과 기록, 여러 종류의 문헌이 폭증할 수 있었다. 그렇게 계속 커지는 문헌의 홍수 속에서 언제든지 원하는 문헌을 발견하고 선택할 수 있는 기술의 발전이 추가적인 경로로 이어졌다. 정보기술의 많은 부분은 시간과 공간에서의 분리 효과를 감축하려는 지속적인 노력으로 간주될 수 있다. 동일한 요소를 이용하고 지속되는 기술 발전을 가정해 과거와 현재로부터 미래를 추정할 수 있다.

1. 말을 기록하는 수단인 쓰기는 점차 모든 것을 기록recording of everything하는 방향으로 움직이고 있다.

2. 텍스트의 증식인 인쇄는 어떤 것이든 재생산reproducing of anything하여 진화하고 있다.

3. 실제로 문헌을 운송하는 통신은 지속적인 향상에 따라 효과적으로 전반적인 동시에 상호작용pervasive simultaneous interaction이 된다.

4. 문헌 복사는 기술적으로 이미지 분석과 강화의 활용에 의지하기 때문에 추가적인 사본을 만드는 것 이상으로 이어진다. 문헌 복사의 논리적인 발전은 문헌의 분석과 표현 document analysis and representation인데 시각화와 데이터 세트의 분석을 포함한다.

5. 발견과 선택은 점진적으로 모든 것을 포괄한 웹 안에서 모든 기록을 다른 모든 기록과 연계하고 연결하는 방향으로

> 66
>
> 정보기술의 많은 부분은
> 시간과 공간에서의 분리 효과를 감축하려는
> 지속적인 노력으로 간주될 수 있다.
>
> 99

이동한다.

앞에서 언급한 모든 것은 기반 구조에 의존하는데 여기에는 상거래, 지적 재산권의 토대인 법률 제도, 메타데이터의 표준 용어, 시장, 보조금, 그리고 예절, 사생활, 보안, 기타 문화적 가치에 관련된 규제가 포함된다. 따라서 (물리적인) 문헌에 정신적으로 참여하는 기회는 사회적인 힘에 따라 과도하게 틀에 맞춰지고, 상업 조직과 정부 조직 모두 우리가 하는 것을 추적하고 기록하려는 강력한 동기를 가진다.

디지털 기술의 일반적인 채택과 더불어 사진 석판을 생성하기 위해 사진과 인쇄를 결합한 것에서 볼 수 있는 일종의 기술 결합은 모든 다양한 분야에 걸친 기술 발전으로 확대되면서 서로 다른 장르가 새롭고 더욱 풍부한 태피스트리tapestry로 함께 짜일 수 있는 환경을 이끌고 있다. 그렇다면 이 기술에 대한 전망은 전반적인 기록이 특징인 사회, 만연한 재생산, 지리적 거리와 무관한 동시 상호작용, 더욱 강력한 기록 분석, 사생활의 부재로 이어진다. 점차 개인에 대한 영향력, 통제, 이익을 추구하는 문헌 체제documentary regimes로의 이동이 증가하고 있다.

"

점차 개인에 대한 영향력, 통제,
이익을 추구하는 문헌 체제로의 이동이
증가하고 있다.

"

대응: 구술, 읽고 쓰는 능력, 문헌화

만약 이와 같거나 유사한 미래 전망이 유효하다고 받아들인다면, 형상화한 미래에서 뒤로 돌아 과거를 들여다볼 때 그 전망은 이러한 발전에 어떻게 대응해야 하는지에 관해 무엇을 암시하는가?

쓰기가 어떤 것도 기록하는 것으로 확장된다는 첫 번째 경우에 쓰기의 고정성, 쓰기와 구술 토론의 차이와 관련해 많은 흥미로운 일이 이루어졌다. 말로 하는 것이 지배적이고 담화의 예술인 수사학이 교육의 중심이었던 시기, 플라톤의 『파이드루스Phaedrus』에는 소크라테스의 "쓰기는 죽어 있기 때문에 토론보다 열등하다"라는 유명한 말이 있다. 쓰기는 스스로에 대해 설명하거나 질문에 대답할 수 없고 환경의 변화에 따라 스스로를 정정할 수도 없다. 그렇지만 쓰기의 고정성은 시간과 공간을 가로질러 계속성과 일관성을 제공하는 데 중요한 것으로도 받아들여졌고, 그렇게 해서 더욱 거대하고 표준화한 사회적 조직의 형태가 가능해졌다.

구술에서 글 문화로 전환함에 따라 많은 것이 이루어졌는데 예컨대, 기억해야 하는 것을 기록하는 능력과 더불어 정신적인 기억 기술(기억술mnemonics)은 덜 사용되었다고 여겨진다. 그렇지만 이는 단순화다. 첫째, 구술에 관한 강조는 춤, 음악, 의례가 소통에서 차지하는 역할의 중요성을 무시하는 것이다. 둘째, 그 효과는 추가적인 것이다. 디지털 기술이 쓰기와 말하기에 영향을 미친 것과 마찬가지로 글은 구술에 추가되어 영향을 미친다.

문헌에는 읽고 쓰는 것보다 많은 것이 있는데, 왜냐하면 적어도 간접적으로는 우리가 인간에게 영향을 미치는 기록을 점점 덜 읽고 덜 활용하기 때문이다. 예컨대 상거래와 수송에서 지금은 인쇄된 바코드를 이용한다. 바코드를 보고 그것이 무엇인지 알지만 우리가 그것을 읽거나 해석할 수는 없다. 바코드, 감지기, 데이터베이스가 부상하는 디지털 환경에서 우리 삶의 모양을 짓는 문헌은 점점 더 인간의 가독성에서 멀어진다. 문헌은 인간의 눈으로는 점점 더 볼 수 없게 된다.

비록 우리가 문헌을 점점 더 많이 사용하고 있고 또 그래야만 하지만 최후의 수단으로서 신뢰하는 친구들에게 조언을 구하고 궁극적으로는 의지한다는 것은 이것이 더욱 기초적이고 원초적인 행위라는 점을 시사한다. 예컨대 나치가 책을 소각한 것을 그들이 이해하는 방식의 문화를 현대 문명의 진전으로부터 보호하고 강화하려는 욕구의 일부분으로 보는 관점을 취하면 저작에 대한 검열과 저항 사례도 또한 이런 틀로 바라볼 수 있다.

문헌은 여러 다양한 이유로 점점 더 기계가 읽을 수 있는 것이 된다. 전자 기록과 기계-가독 기록을 인간이 읽을 수는 없다. 심지어 평범한 텍스트를 위해서도 어떤 특수한 종류의 렌더링rendering과 시각화가 필요하다. 기계는 그것을 바탕으로 작동하도록 프로그램 되었다. 사실 우리는 디지털 문헌을 읽는 것을 디지털 기술에 위임했다. 우리는 디지털 문헌을 대리를 통해 "읽는"다. 대개 기계는 우리의 지시를 사용해 디지털 문헌에 작용하면서 문헌에서 우리가 보통 따라갈 수 없는 막대한 규모의 새로운 기록을 획득한다. 이것은 어떤 중요한 의미에서도 더 이상 "읽고 쓰는 능력literacy"이 아니고, 새로운 단계의 소통과 기념記念, commemorating이며, 그래서 어떤 새로운 용어가 필요하다. 합리적으로 이것을 글 사회에서 문헌 사회로의 전환에 비유할 수도 있지만, 그러한 전환은 추가적인 과정이라는 점을 기억해야 한다. 또한 문헌 사회는 글과 구술(그리고 춤, 그림, 기타 행위)을 포함하고 있다.

어떤 종류의 분야인가?

정보에 관한 연구는 어떤 종류의 분야인가? 이제는 이 분야의 담론이 비유적이거나 추정적인 언어로 가득하다는 점이 분명해졌을 것이다. 즉, 세계 두뇌, 외부 기억, 적합성, 구상(귀결된 발상의 조합으로서), **콘텐트**, **밈**meme, **공동체 지식**, 정보사회 등이다. 오직 살아 있는 생물만이 알 수 있지만, 문헌을 기록된 지식으로서 인용하고 기계 또는 제도를 아는 주체로서 언급하는 것은 편리하다. 이러한 상상의 언어는 유용한 역할을 하고 있고 변화하는 분야에서는 전형적이지만 정보와 사회에 대해 분명한 이해를 가지려 한다면 세심하고 철저한 분석을 통해 보완할 필요가 있다.

정보에 관한 연구는 또한 추정적인 것이다. **적합성**을 사용하는 것이 흔한 추정의 사례이다. 적합성은 어떤 문헌의 인지적인 목적과 구상에 해당하는 추정된 적절성인데, 지적이고 예술적인 업적의 실체에 대해 추상적으로 사용될 때에는 업적에 대한 물리적인 표현·표시와 구별된다.

정보의 모든 표시가 변함없이 물리적이고 모든 정보 시스템과 서비스를 인간이 만들었기 때문에 정보과학은 허브 시몬 Herb Simon이 말한 인위적인 과학의 사례이다. 이와 동시에 정보는 사회와 관련될 때에는 본질적으로 문화적이다. 더 과학적이고 싶은 욕구는 더 형식적이고 더 양적인 것이 된다는 의미인데, 이에 따라 종종 형식적인 정의, 정확한 측정, 논리적인 운영에 장애가 되는 문화적인 측면의 배제가 추구된다. "정보"에 형식적으로 접근하는 방법은 잘 발달되었고 여러 실질적인 목적을 위해 매우 유용하다. 그런데도 제한된 기반으로 인해 시야가 제한된다. 반면 정보의 연구가 정보 제공과 정보 수취, 인간의 인지 과정에 뿌리박아야 한다는 점을 강조하면서 더욱 현실적인 접근 방법을 선호해왔다. 두 접근 방법 모두 유효하다. 그렇지만 그 둘은 다르다.

대단히 실용적인 형식적 시스템과 그 유용한 시스템이 실제 현실을 충분하게 반영하지 않고 전제의 단순화에 의존한다고 말하는 지식 사이에는 갈등이 있다. 이 상충은 인간의 행동을 다루는 다른 분야에서도 진실이다. 경제학이 하나의 사례다. 즉, 미시경제학적인 분석의 정교한 방법은 매우 강력하지만 그 방법은 인간 행동의 특징이 아닐 정도의 합리성을 가정한다. 유사한 갈등을 언어학과 기타 사회학 인문학 분야에서도 발견할 수 있다. 어떤 면에서는 안심이 되는데 왜냐하면 이를 통해 정보과학이 다른 잘 발달된 연구 분야와 비교할 만한 것으로 등장하기 때문이다.

이 책 서두의 여권 사례와 뒤이은 모든 것을 통해 오직 물리적·정신적·사회적 측면을 결합하는 접근 방법만이 정보와 사회의 복잡한 관계를 조사하는 과제에 적절하다는 점이 분명해졌을 것이다.

부록 A

선택 해부

　　　　　　　　　❖

7장에서는 정보 검색의 기본적인 구조가 보통 교과서에서는 〈그림 A.1〉의 형태로 제시되고, 더불어 서술의 목적에 따라 서로 다른 분량의 상세한 묘사가 추가된다는 점에 주목했다. 조회와 문헌 사이에는 대칭이 있다.

전형적인 온라인 도서관 목록은 고도로 구조화한 데이터베이스를 사용하는데, 우리는 이 시스템이 어떻게 작동하는지 예시하기 위해 일반화한 서술을 이용한다.

더 광범위한 환경에는 목록으로 만들 문헌, 조회하는 인간, 다양한 외부 자원이 있는데 외부 자원에는 표준 어휘(예컨대 미국 의회도서관 주제명 표목), 사용되는 주제별 분류 기법, 목록 기록의 원천, 따라야 할 규칙과 절차가 포함된다. 오류 메시지와

〈그림 A.1〉 선택 시스템의 일반적인 모형

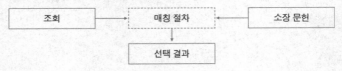

같은 피드백 보고서도 있지만 산출물은 탐색 결과 – 검색된 조합 – 이다.

시스템 안에서 무슨 일이 일어나는지에 대해서는 〈그림 A.2〉에서 제시된다.

〈그림 A.2〉는 도서관 목록의 모형을 보여준다. 실선 상자는 절차를 포함하고, 점선 상자는 기록, 조회, 목록 기록을 포함하고 있다. 볼드체로 강조된 부분은 선택적인 구성 요소를 보여주고 화살표는 흐름을 가리킨다. 목록으로 만들어질 문헌은 오른쪽 위에 보인다(상자 1). 목록을 만드는 절차는(상자 2) 목록 만드는 규칙, 표준 어휘, 다른 곳의 목록 사본에(상자 3) 의존하고 목록 기록의 조합으로(상자 4) 결과가 나타난다. 실제로, 목록 기록의 모든 부분을 탐색하는 것은 가능하지 않고, 그래서 추가적인 절차로 접근 지점을 선택하면서(상자 5), 기입 어휘記入語彙, entry vocabulary(상자 6)로도 알려진 색인 항목의 탐색 가능한 조합을 산출한다.

도서관 이용자에게는 조회할 것이 있고(상자 7) 이러한 조회의 표현은 검색 시스템의 용어로 조정될 필요가 있으며(상자 8) 하나 또는 그 이상의 수용할 만한 탐색 용어를 선택하고 나서(상자 9), 공식화될 수 있고(상자 10) 공식적인 조회로서(상자 11) 탐색 가능한 용어 – "기입 어휘"(상자 6) – 에 매치되어(상자 12) 탐색 결과, 즉 "검색된 조합"(상자 13)이 획득된다. 보통 처음에

〈그림 A.2〉 도서관 목록의 최소 완결 모형

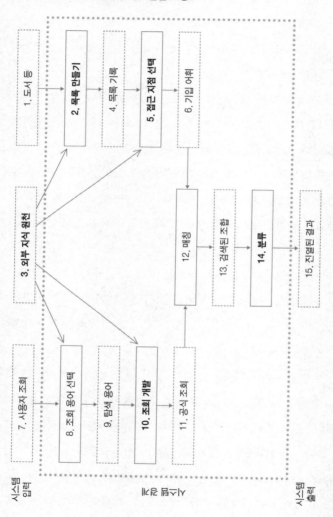

1. 도서 등
2. **목록 만들기**
4. 목록 기록
5. **접근 지점 선택**
6. 기입 어휘
3. **외부 지식 원천**
7. 사용자 조회
8. 조회 용어 선택
9. 탐색 용어
10. **조회 개발**
11. 공식 조회
12. 매칭
13. 검색된 조합
14. **분류**
15. 전달된 결과

시스템 입력
시스템 처리 과정
시스템 출력

검색된 조합이 분류되어(상자 14) 그 탐색 결과가 전시된다(상자 15).

〈그림 A.2〉의 몇몇 특징은 주목할 만하다.

1. 구조는 대칭적이며, 원칙적으로 조회와 문헌은 논리적으로 서로 교환될 수 있다.

2. 대상과 절차는 번갈아 나타난다. 도서는 목록 만들기의 절차에 따라 목록 기록을 획득하는 결과로 이어지고, 목록 기록은 탐색 가능한 색인을 생성하기 위해 운용되며, 사용자의 조회는 형성되어 공식적인 조회가 되고, 공식적인 조회와 탐색 가능한 색인은 매치되어 선택된 조합을 산출하는 것 등이다. 이러한 유형이 점선 상자를 사용해 대상을 나타내고 실선 상자를 사용해 절차를 나타내는 그림으로 표현된다.

3. 각 대상 상자에는 수집된 기록(조합)이 없거나, 하나 또는 그 이상이 포함되어 있다. 즉, 목록으로 만들 도서의 수집물에서 목록 기록의 수집물(조합)이 획득되는데, 이 수집물(조합)은 수정되어 탐색 가능한 색인 항목의 수집물이 된다. 조회의 흐름에는 보통 단일한 조회가 있다. 선택의 산출 결과는 없거나 더 많은 기록의 수집이다.

4. 각 절차에서 새로운 조합이 획득된다.

5. 절차는 상당히 다른 두 형태인데, 절차를 밟는 대상을 수정하는 것(상자 2와 10)과 대상을 재배치하는 것(상자 5, 8, 12, 14)이다.

6. 실제로 탐색은 보통 일련의 다양한 선택 단계다. 예컨대, 주제명 표목을 둘러보는 것으로 시작할 수 있고(첫 번째 탐색) 적절한 주제명 표목이 선택되면, 그 표목에 관련된 문헌을 탐색하고 나서(두 번째 탐색) 선택된 하나 또는 그 이상의 문헌을 본 뒤에 가치가 있을 거라고 생각하면 수정된 추가 탐색을 한다(세 번째 탐색).

부록 B

검색 평가수단

＊

8장에서 설명했듯이 적합성은 선택 시스템을 평가하는 표준적인 수단이다. 적합성은 양자택일의 수단으로 사용된다. 즉, 문헌은 주어진 조회에 대한 적합성 여부로 판단된다. 적합성에 대한 일련의 판단이 주어지면, 두 가지 방법으로 성과가 평가된다. 즉, 선택 결과의 완전성에 관련된 재현recall은 성공적으로 선택된 적합 문헌의 비율로 측정되고, 적합 문헌은 선택하고 부적합 문헌은 선택하지 않는 선택 시스템의 능력과 관련된 정확성precision은 선택된 문헌 가운데 적합 문헌이 차지하는 비율로 측정된다. 도표를 통해 이 두 방법과 각 성과에 대한 두 방법 사이의 관계를 살펴보자.

재현 도표

1000건의 소장 문헌 가운데 100건이 어떤 조회에 적합하다고 가정해보자. 이러한 숫자가 비현실적일지 모르지만 설명하기에는 편리하다.

도표(〈그림 B.1〉)를 보면, 수평축에서는 소장 문헌 가운데 선택된 문헌(검색된 조합)의 숫자가 0부터 1000까지 측정되고, 수직축에서는 재현, 즉 100건의 적합 문헌 가운데 검색된 적합 문헌의 비율(0~100%)이 측정된다. 재현 그래프는 당연히 어떤 항목도 검색되지 않은 출발점(맨 왼쪽 아래, O)에서 시작해서, 적합하건 부적합하건 상관없이 모든 문헌이 검색되는 맨 오른쪽 위(A)에서 끝난다. 따라서 모든 재현 곡선은 왼쪽 아래 출발점에서 시작해 맨 오른쪽 위에서 끝난다. 흥미로운 것은 O에서 A에 이르는 선의 모양이다.

〈그림 B.1〉에서는 재현에 대해 O에서 A에 이르는 선으로 보여주는데 무작위 검색(가는 점선), 완벽한 검색(위쪽 굵은 실선, OBA), 현실적인 검색(굵은 점선), 빗나간 검색(아래쪽 굵은 실선, OCA)이 그것이다.

만약 문헌이 무작위로 검색된다면 승산이 항상 동일하기 때문에 당장 검색되는 문헌은 이 사례에서 10건 가운데 1건이 적합할 것이고, 따라서 점선으로 그려진 재현 선은 출발점(O)에서 시작해 오른쪽 구석(A)에서 끝나는 직선 형태의 대각선이 될 것이다.

완벽한 검색 시스템은 적합한 항목이 더 남아 있지 않을 때까지 오직 적합한 항목만 검색하며, 그 뒤에 추가적으로 검색

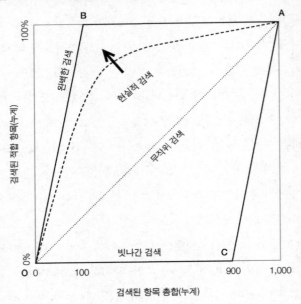

〈그림 B.1〉 무작위적인, 완벽한, 현실적인, 빗나간 검색의 재현 도표

세로축: 검색된 적합 항목(누계) — 0%, 100%

가로축 라벨: 검색된 항목 총합(누계)

도표 내 라벨: B, A, 완벽한 검색, 현실적 검색, 무작위 검색, 빗나간 검색, C

가로축 눈금: O 0, 100, 900, 1,000

된 문헌은 당연히 적합하지 않을 것이다. 이 완벽한 선택의 성과는 〈그림 B.1〉에서 출발점(O)에서 위(B)로 가파르게 상승하는 선으로 표시되는데, 이 책 8장의 사례를 적용해보면 적합한 문헌 100건이 100% 모두 검색될 때 B에 도달한다. 추가적인 검색은 오직 남은(모두 부적합한) 항목이 대상이고, 그래서 선은 B에서 오른쪽으로 방향이 바뀌어 위쪽 경계를 따라 수평으로 맨 오른쪽 구석인 A까지 움직인다.

어떤 실제 검색 시스템도 완벽에는 못 미치지만 무작위보다는 낮다고 가정하는 것이 현실적이고, 따라서 성과 곡선은 완벽의 선과 무작위의 선 사이 어디엔가 있을 것이다. 검색된 항목 가운데 적합 항목의 부적합 항목에 대한 비율은 무작위보다 더 좋을 것이고, 그래서 현실적인 선은 무작위의 선보다는 더욱 가파르게 상승할 것이다. 그렇지만 이러한 초기 성공의 영향으로 아직 — 검색되지 않은 — 적합 항목의 자원은 무작위 검색에서보다 더욱 급속하게 축소된다. 그 결과, 현실적인 검색 곡선은 처음에는 당연히 무작위 검색의 직선 형태 대각선보다 빠르게 상승하더라도, 모든 재현의 선이 끝나는 맨 오른쪽 위 (A)에 이를 때까지 당연히 차츰 평평해진다. 어떤 운용 시스템도 언제나 틀림없이 완벽하지는 않기 때문에 그 곡선 또한 완벽한 검색 선 아래에 위치하고, 따라서 언제나 삼각형 OBA 안에 있으며, 구부러지게 그려진 굵은 점선과 어느 정도 비슷하게 될 가능성이 높다. 검색 시스템의 성과가 좋을수록, 해당 재현 곡선은 화살표 방향으로 불룩해지면서 무작위 검색의 선보다 완벽한 검색의 선에 더 가까워질 것이다.

이론의 완결성을 위해 완벽하게 끔찍한 검색 시스템을 그려볼 수 있는데, 이 시스템에서는 더 이상 남은 부적합 항목이 하나도 없을 때까지 부적합 항목만을 모두 검색하며 그리고 나서는 적합 항목만을 검색할 수 있을 뿐이다. 이 상상의 경우를 빗나간 검색이라고 부르는데, 빗나간 검색 선은 O에서 C로 수평으로 곧장 달린 뒤에 당연히 A에 이르게 된다.

결론은 다음과 같다.

1. 평행사변형 OBAC는 가능한 모든 검색 성과를 정의한다.
2. 무작위 검색보다 더 좋은 성과를 보이는 시스템에만 어떤 실질적인 관심이 있을 것이기 때문에 모든 현실적인 시스템은 삼각형 OBA 안에 재현 곡선이 있을 것이다.
3. 검색 성과가 더 좋을수록 실제 재현 곡선은 완벽한 검색 곡선(OBA)에 더 가까워질 것이고 무작위 검색의 재현인 대각선에서 더 멀어질 것이다. 달리 말하면, 검색 성과가 더 좋을수록 해당 곡선은 화살표 방향으로 움직일 것이다.

정확성 도표

정확성에 대해 비교할 만한 도표를 그릴 수 있다. 〈그림 B.2〉를 보자.

이 책 8장의 사례에서 소장 항목 1000건 가운데 100건이 적합하고, 그래서 무작위로 검색된 문헌은 매 9건의 부적합 항목

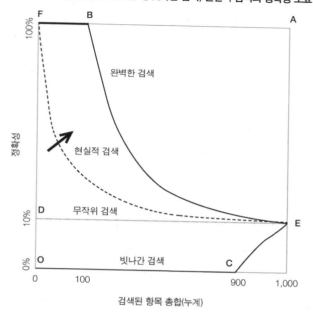

〈그림 B.2〉 무작위 검색, 완벽한 검색, 빗나간 검색, 현실적 검색의 정확성 도표

에 1건의 적합 항목으로 구성되는 경향이 있다. 정확성은 백분율로 표현되고, 따라서 이 경우 무작위 검색의 정확성은 얼마나 많은 항목이 검색되든 상관없이 10%이다. 이는 D에서 E로 이어지는 수평의 점선으로 나타난다.

완벽한 검색 시스템은 먼저 오직 적합한 항목만을 추출하고, 100%에서 시작해서 100건의 적합한 항목이 모두 검색될 때(B 지점)까지 그 비율을 그대로 유지할 것이다. 그 뒤에는 오직 부적합 항목만 남기 때문에 전체 소장 항목이 검색될 때까지 검색 조합이 부적합 항목으로 점점 더 희석되어 정확성은 소장 항목 전체를 반영하게 된다.

이에 상응해 빗나간 검색 시스템은 먼저 오직 부적합한 문헌만을 모두 검색하고, 부적합 항목 900건 모두가 검색될 때까지 정확성은 0%를 유지하면서 O에서 C에 이르는 수평선으로 나타난다. 그 뒤에는 모든 남은 문헌이 적합한 것이어서 정확성은 C에서 E에 이르는 불룩한 곡선이 보여주듯이 상승만 할 수 있다.

어떤 현실적인 시스템도 무작위보다는 낫고 완벽에는 못 미치기 때문에 완벽한 검색 선과 무작위 검색 선 사이에 놓여, 100% 또는 그에 가까운 정확성에서 출발하여 궁극적으로 E에 도달할 때까지 오목한 곡선 형태로 감소할 것이다. 성과가 더 좋을수록, 현실적인 검색 곡선은 화살표가 가리키듯이 완벽한 검색 곡선에 더 가까워질 것이다.

정확성과 재현의 관계

재현과 정확성이 모두 총 검색에 대응하여 표시되기 때문에 〈그림 B.3〉에서 보듯이 재현과 정확성 상호 간에도 표시될 수

〈그림 B.3〉 무작위적인, 완벽한, 빗나간, 현실적인 검색의 정확성과 재현 사이의 관계

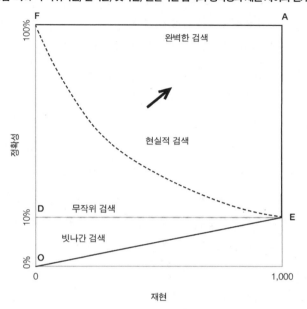

있다.

무작위 검색에서 정확성은 재현에 관계없이 10%가 되는 경향이 있어서 D에서 E에 이르는 수평의 점선으로 나타난다.

완벽한 검색은 더 이상 남은 적합 항목이 없을 때까지 오직 적합 항목만 추출하기 때문에 정확성은 F에서 100%로 출발해 모든 적합 항목이 검색될 때까지 도표의 상단을 따라 A까지 수평으로 유지된다. 그 뒤에는 오직 부적합 항목만 검색 대상으

로 남기 때문에 재현에는 영향이 없지만 정확성이 감소되어 그 선은 A에서 E까지 수직으로 떨어진다.

빗나간 검색에서는 첫 번째 적합 항목이 검색되기 전에 900 건의 부적합 항목이 검색되어야만 한다. 처음 900건을 검색하는 동안 정확성과 재현 모두 0이며, 따라서 그 선은 출발점(O)에 머무른다. 마침내 오직 적합한 항목만 검색 대상으로 남아 있을 때 정확성과 재현 모두 상승하기 시작해 O에서 E에 이르는 거의 직선에 가까운 오목한 곡선으로 나타난다.

현실적인 검색의 곡선은 앞에서처럼 무작위 검색과 완벽한 검색의 선 사이에 놓인다. 그 선은 100%의 정확성 또는 그에 가까운 지점(F 근처)에서 출발해 아래로 떨어지는 오목한 곡선으로 결국 모든 소장 항목이 검색될 때 E에 도달하게 된다. 여기에서도 다른 도표와 마찬가지로 검색 시스템이 효과적일수록 그 곡선은 화살표가 가리키듯이 완벽한 검색의 선에 가까워질 것이다.

완벽한 검색 선과 빗나간 검색 선 모두를 그리는 것의 이점은 이를 통해 가능한 검색 성과의 공간이 규정된다는 점이다. 완벽한 검색과 무작위 검색 사이에 있는 구역은 실제 검색 시스템의 현실적인 영역을 규정한다. 이 영역 안에서 무작위보다 나은 모든 검색 성과는 〈그림 B.3〉처럼 반드시 아래로 기울어지는 곡선으로 나타난다. 달리 말하면, 무작위 검색의 성과보다 더 나은 성과를 보이는 어떤 검색 시스템도 정확성과 재현 사이의 상충을 피할 수 없다.

선택 시스템 평가의 전통적인 기준은 적합성이고 이 분야에서 가장 중심적인 개념이다. 발상은 오직 적합한 문헌만 모두 선택하는 것이지만 이 간단한 소망이 여러 가지로 심각하게 문제가 된다. "적합한 것"은 조회하는 사람이 요구하거나 필요한 것이 될 수 있고, 즐거운 것이 될 수도 있으며, 가장 유용한 것이 될 수도 있다. 그렇지만 요구, 필요, 즐거움, 유용함은 동일한 것이 아니다. 게다가 평가는 매우 주관적일 것이고, 검색이 누군가 부적절한 정보를 가진 사람에 의해 이뤄진다고 여겨지면 그 평가는 신뢰를 받지 못할 가능성이 클 것이다.

적합성은 조회하는 사람이 이미 알고 있는 것에 따르는 매우 상황적인 것이고 검색하는 사람이 적극적으로 배우고 있거나 그래야 하기 때문에 불안정한 것이다. 어떤 항목은 다른 어떤 항목의 적합성에도 영향을 미치지 않는다는 의미에서 모든 항목이 독립되어 있다는 표준 전제는 편리하지만 설득력 없는 단순화다. 두 문헌이 매우 유사하다면 보통 둘 다 필요한 것은 아니다. 더구나 '적합한 것 모두 그리고 오직 적합한 것'이라는 목표는 모순인데, 왜냐하면 실제로 오직(정확성)을 대가로 단지 모두(재현)만을 강조하거나 그 반대의 경우만을 추구할 수 있기 때문이다.

요약

지나고 보니 검색 효과가 형성되는 방법에 수반되는 전도된 관계를 발견할 수 있었다. 즉, 모든 항목을 적합하거나 부적합한 것으로 특징지을 수 있다면 남아 있는 검색 대상 항목의 자원을 필연적으로 빈약하게 만들어서 적합한 항목을 선택하는 어떤 초기의 성공도 검색 성과는 점차 악화되고 만다는 것이다. 적합성의 개념을 이해하기는 쉽지만 실제 운용에는 장애가 있고 투박하지만 실질적인 대안에 의지할 수밖에 없다.

더 읽을거리

이 작은 책의 주제 대부분에 관해 이용 가능한 많은 문헌이
있다. Bawden and Robinson(2013), Davis and Shaw(2011),
Feather(2013), Glushko(2013), Norton(2010), Rubin(2010)을 포
함한 교과서를 참조할 수 있다. 사회학적인 측면은 Webster
(2014)를 보고 적합한 기술은 Gleick(2011)을 참조하라. 더 일반
적으로는 *Encyclopedia of Library and Information Science*
(2010)와 *Library and Information Science Abstracts*(1969)가 좋
은 출발점이 될 것이다.

　1장 '들어가며'는 Buckland(2015b)를 이용했다. 정보라는
단어의 대체에 대해서는 Furner(2004)를 참조하라. 여권에 대
한 논의는 Buckland(2014)에서 나왔다. "정보"의 유행에 대해
서는 Day(2001)을 참조하라. Floridi(2010)은 엔트로피, 섀넌-
위버Shannon-Weaver 정보 이론, 그리고 그 밖에 정보의 형식적인
이론에 대해 간결하게 소개한다. 문헌학과 텍스트의 연구는

McGann(2014)을 참조하라. 분업과 간접적인 지식은 Wilson (1983)에 기초했다. Day(2014)는 어떻게 정보 시스템이 점차 우리의 삶을 형성하는지 탐구한다.

2장 '문헌과 증거'는 Buckland(2015b)에 기초한다. 문헌에 관한 논의는 Buckland(1991; 1997)와 Lund(2009)를 이용했고 데이터 관리에 대한 논의는 Buckland(2011)을 이용했다. 복사의 역사는 Buckland(2012a)를 참조하라. 슈레팅거Schrettinger에 대해서는 Garrett(1999)을, 오틀레Otlet에 대해서는 Wright(2014)를, 오스트발트Ostwald에 대해서는 Hapke(1999)를, 플렉Fleck에 대해서는 Fleck(1979)과 Cohen and Schnelle(1986)을 참조하라. Blum(1980)과 Mckenzie(1999)는 서지학의 훌륭한 원천이다.

3장 '개인과 공동체'에서 타일러Tylor의 문화에 대한 정의는 Tylor(1871: 1)에서 나왔다. 정보 관련 행동을 탐구하는 복잡성과 어려움으로 인해 발전이 어려웠다. Case(2012)는 훌륭한 입문서다. 초기 논의는 Wilson(1981)과 Pettigrew, Fidel and Bruce(2001)을 포함한다. "작은 세상"에 대한 논의는 엘프레다 채프먼Elfreda Chatman의 저작[예컨대, Chatman(1992)]을 이용했다. 문헌의 사회적인 역할에 대해서는 Brown and Duguid(2000)와 Ferraris(2013)를 참조하라. 지식의 구축에 대한 편리한 입문서로는 Mannheim(1936: 1장)과 Luckmann(1966)은 물론 Zerubavel (1997)도 참조하라. 책의 사회적인 맥락에 대해서는 McGann

(1983)과 McKenzie(1999)를 참조하라.

4장 '조직하기: 배치와 서술'은 Fairthorne(1961: 84~85)과 Buckland(1989, 2007)을 이용했다.

5장 '명명하기'는 Buckland(2007, 2012b)에 기초하고, Ranganathan(1951: 34), Suominen(1997), Briet(1954: 43; 2006: 50~51), Fairthorne(1961), Blair(1990), Lakoff(1987), Frohmann(2004), Bowker and Star(2000), Berman(1971)을 이용했다.

6장 '메타데이터'는 Buckland(2006; 2015a)에 기초했다. 기반 구조로서의 발상과 문헌화에 대해서는 또한 Foucault(1970)와 Day(2007; 2014)를 참조하라. 공간과 장소에 관해서는 Buckland (2007) 등을 참조하라. 사건과 시간에 관해서는 Petras, Larson and Buckland(2006)를 참조하라. 전기 기록에 관해서는 *Text Encoding Initiative Consortium*(2009)과 Buckland and Ramos (2010)를 참조하라.

7장 '발견과 선택'은 Buckland and Plaunt(1997)를 기초했는데 Plaunt(1997)에서 전면적으로 보완되었다.. 인터페이스로서 인쇄된 참고문헌에 대해서는 Bates(1976)를 참조하라. 의미론/구문론의 주제는 Warner(2010)에 전개되어 있다.

8장 '선택 방법의 평가'는 Buckland and Gey(1994)의 일부분을 요약한 것인데, 부록 B에서 더욱 상세하게 제시했다. White (2010)은 적합성 이론에 관한 탁월한 논의를 제시한다.

9장 '요약과 성찰'에서 "어떤 종류의 분야인가?"는 Buckland (2012c)에 기초했다. Bawden(2001)과 Chevillotte(2010)은 정보 활용 능력에 관한 논문을 유용하게 검토 하고 있다.

부록 A '선택 해부'는 Buckland and Plaunt(1994)의 일부를 요약했다. Plaunt(1997)는 더욱 철저하게 다루고 있다.

부록 B '검색 평가수단'은 Buckland and Gay(1994)에 기초했다. Egghe(2008)는 이러한 관계의 수학적인 취급에 대해 설명한다.

용어 설명

전거 목록(Authority list)

색인 용어에서 모호함과 불일치를 줄이기 위해 어휘 통제가 실행되는데, 어휘 통제는 우선 용어와 비우선 용어를 교차-참조해서 전거 목록에서 오직 우선 용어만을 사용하고 생성하는 것으로 이루어진다.

서지학(Bibliography)

1. 책과 기타 출판물에 관한 서술 또는 연구.
2. 책 또는 기타 출판물의 목록.

문화(Culture)

오페라, 음악, 미술품 전시처럼 보통 "상류 문화"를 가리키기 위해 사용되지만 이 책에서 문화는 학술적인 의미에서 사용된다. 즉, 우리가 어떻게 일상생활을 영위하는지와 관련된다. 흔하게 인용되는 정의에 따르면 "문화 또는 문명은, 민족지학의 넓은 의미에서 보면 지식, 믿음, 예술, 도덕, 법, 관습, 기타 사회구성원으로서 인간이 획득한 능력과 습관의 전반적인 혼합이다 (Tylor, 1871: 1)".

문헌(Document)

기록, 보통은 텍스트. 더 일반적으로, 누군가에 의해 무언가를 증명하는 것으로 간주되는 어떤 것.

인식론(Epistemology)

지식 자체에 대한 연구.

측면(Facet)

기초적인 구분에서 나타나는 분명한 양상. 예를 들어 무엇을, 언제, 어디서, 누가, 왜, 어떻게는 사건의 분명하고 다른 측면이다.

여과하기(Filtering)

안정적인 조회와 매치하여 기록의 흐름에서 선택하기.

하이퍼텍스트(Hypertext)

다른 구절에 연계된 구절을 가진 텍스트.

기반 구조(Infrastructure)

특정 기능의 작동을 가능하게 만드는 보조적인 자원. 원래 수송과 군사 활동을 위해 이용되는 구조를 가리키기 위해 사용되었고, 점차 확대되어 대규모 과업의 수행에 부속되거나 그것을 지원하는 서비스를 포함하게 되었다.

상호주관적인(Intersubjective)

둘 또는 그 이상의 개인에 의해 공유되는 주관적인 진술.

메타데이터(Metadata)

문자 그대로 데이터를 초월하는 데이터 또는 데이터와 함께하는 데이터. 문헌·기록·데이터의 서술을 위한 공통적인 명칭. 데이터에 관한 데이터다.

현상학(Phenomenology)

경험과 의식에 관한 학문.

현상(Phenomenon)

인지된 어떤 것.

사진석판술(Photolithography)

사진으로 생성된 이미지를 인쇄판에서 사용하는 인쇄 기술.

사진 복사(Photostat)

매개 음화 없이 사진기로 종이에 직접 생성한 사진 이미지. 21세기 초기의 중요한 문헌 복사 기술.

사후조정 탐색(Postcoordinate search)

정보 검색에서 둘 또는 그 이상의 개념은 탐색할 때 하나의 조회 안에서 결합될 수 있다. 사전조정 색인(precoordinate indexing) 참조.

정확성(Precision)

정보 검색에서 검색된 적합 문헌이 전체 검색된 문헌 가운데 차지하는 비율.

사전조정 색인(Precoordinate indexing)

색인 시스템에서 필요에 따라 개념의 결합을 생성. 사후조정 탐색(Postcoordinate search) 참조.

우선 용어(Preferred terms)

색인을 만들 때 비우선 용어와 우선 용어를 교차·참조해서 오직 전거 목록에 있는 우선 용어만을 사용하여 어휘 통제를 유지한다.

인물 연구(Prosopography)

인물 조합에 관한 연구.

유래(Provenance)

문헌 또는 역사적 대상의 소유권·보관·위치의 연대기.

재현(Recall)

정보 검색에서 검색된 적합 문헌이 전체 소장 적합 문헌 가운데 차지하는 비율.

적합성(Relevance)
정보 검색에서 조회에 대한 적절한 반응의 기준.

검색(Retrieval)
발견(finding)하는 절차에 사용되는 일반적인 용어로 식별하기(문헌의 존재를 발견), 위치 찾기(식별된 대상의 알려진 주소가 있을 때 "찾아보기"), 가져오기(알려진 주소에서 대상 가져오기), 선택하기(고른다는 의미에서)로 구성된다.

기호학(Semiotics)
부호와 상징, 특히 단어와 문헌의 의미에 관한 이론과 연구.

어휘 통제(Vocabulary control)
비우선 용어와 우선 용어를 교차·참조해서 색인 용어를 우선 용어로 제한하는 것.

참고문헌

Bawden, David. 2001. "Information and digital literacies: A review of concepts." *Journal of Documentation*, 57(2), pp.218~259.

Bawden, David and Lyn Robinson. 2013. *Introduction to information science.* Chicago: Neal-Schuman.

Berger, Peter L. and Thomas Luckmann. 1966. *The social construction of reality: A treatise in the sociology of knowledge.* Garden City, NY: Doubleday.

Berman, Sanford. 1971. *Prejudices and antipathies: A tract on the LC subject heads concerning people.* Metuchen, NJ: Scarecrow.

Blair, David C. 1990. *Language and representation in information retrieval.* Amsterdam: Elsevier Science.

Blum, Rudolf. 1980. *Bibliographia: An inquiry into its definition and designations.* Chicago: American Library Association.

Bowker, Geoffrey and Susan Leigh Star. 1999. *Sorting things out: Classification and its consequences.* Cambridge, MA: MIT Press.

Briet, Suzanne. 1951. *Qu'est-ce que la documentation?* Paris: EDIT.

_____. 1954. "Bibliothecaires et documentalistes." *Revue de la Documentation* 21, fasc.2, pp.41~45.

_____. 2006. *What is documentation?* Ronald E. Day(ed.). Lanham, MD: Scarecrow. Translation of S. Briet. 1951. *Qu'est-ce que la documentation?* Paris: EDIT.

Brown, John S. and Paul Duguid. 2000. *The social life of information.* Boston: Harvard Business School Press.

Buckland, Michael K. 1989. "The roles of collections and the scope of collection development." *Journal of Documentation,* 45(3), pp.213~226.

_____. 1991. "Information as thing." *Journal of the American Society for Information Science,* 42(5), pp.351~360. http://people.ischool.berkeley.edu/~buckland/thing.html.

_____. 1997. "What is a "document"?" *Journal of the American Society for Information Science,* 48(9), pp.804~809. http://people.ischool.berkeley.edu/~buckland/whatdoc.html.

_____. 2006. "Description and search: Metadata as infrastructure." *Brazilian Journal of Information Science,* 0(0), pp.3~14. http://www2.marilia.unesp.br/revistas/index.php/bjis/article/view/26/47.

_____. 2007. "Naming in the library: Marks, meaning and machines." In *Nominalization, nomination and naming in texts.* Christian Todenhagen and Wolfgang Thiele(eds.). Tubingen: Stauffenburg, pp.249~260. http://people.ischool.berkeley.edu/~buckland/naminglib.pdf.

_____. 2011. "Data management as bibliography." *Bulletin of the American Society for Information Science and Technology,* 37(6), pp.34~37. http://asis.org/Bulletin/Aug-11/AugSep11_Buckland.pdf.

_____. 2012a. "Lodewyk Bendikson and photographic techniques in documentation, 1910~1943." In *International perspectives on the history of information science and technology.* Toni Carbo and Trudi B. Hahn(eds.). Medford, NJ: Information Today, pp.99~106.

_____. 2012b. "Obsolescence in subject description." *Journal of Documentation,* 68(2), pp.154~161. http://people.ischool.berkeley.edu/~buckland/obsolsubject.pdf.

_____. 2012c. "What kind of a science can information science be?" *Journal of the American Society for Information Science and Technology,* 63(1): pp.1~7. http://people.ischool.berkeley.edu/~buckland/whatsci.pdf.

_____. 2014. "Documentality beyond documents." *Monist,* 97(2), pp.179~186.

http://people.ischool.berkeley.edu/~buckland/docbeyonddoc.pdf.

_____. 2015a. "Classification, links and contexts." In *Classification and authority control: Expanding resources discovery*. Aida Slavic and M. I. Cordeiro(eds.), pp.1~16. Proceedings of the International UDC Seminar, October 29~30 2015, Lisbon, Portugal. Wurzburg: Ergon Verlag. Revised text at http://people.ischool.berkeley.edu/~buckland/lisbon15.pdf.

_____. 2015b. "Document theory: An introduction." In *Records, archives and memory: Selected papers from the Conference and School on Records, Archives and Memory Studies*. Mirna Willer, Anne J. Gilliland, and Marijana Tomić(eds.). Zadar: University of Zadar Press, pp.223~237. http://people.ischool.berkeley.edu/~buckland/zadardoctheory.pdf.

Buckland, Michael K., Aitao Chen, Fredric C. Gey, Ray R. Larson, Ruth Mostern and Vivien Petras. 2007. "Geographic search: Catalogs, gazetteers, and maps." *College and Research Libraries*, 68(5), pp.376~387. http://crl.acrl.org/content/68/5/376.full.pdf+html.

Buckland, Michael K. and Fredric Gey. 1994. "The relationship between recall and precision." *Journal of the American Society for Information Science*, 45(1), pp.12~19.

Buckland, Michael K. and Christian Plaunt. 1994. "On the construction of selection systems." *Library Hi Tech*, 48, pp.15~28. http://people.ischool.berkeley.edu/~buckland/papers/analysis/analysis.html.

Buckland, Michael K. and Michele R. Ramos. 2010. "Events as a structuring device in biographical mark-up and metadata." *Bulletin of the American Society for Information Science and Technology*, 36(2), pp.26~29. http://www.asis.org/Bulletin/Dec-09/Bulletin_DecJan10_Final.pdf.

Case, Donald O. 2012. *Looking for information: A survey of research on information seeking, needs and behavior*. 3rd ed. Bingley, UK: Emerald Group.

Chatman, Elfreda A. 1992. *The information world of retired women*. New York: Greenwood Press.

Chevillotte, Sylvie. 2010. "Information literacy." Marcia J. Bates(ed.). In

Encyclopedia of library and information sciences. 3rd ed. Boca Raton, FL: CRC Press. pp.2421~2428.

Cohen, Robert S. and Thomas Schnelle(eds.). 1986. "Cognition and fact: Materials on Ludwik Fleck." *Boston Studies in the Philosophy of Science*, 87. Dordrecht: Reidel.

Davis, Charles H. and Debora Shaw(eds.). 2011. *Introduction to information science and technology.* Medford, NJ: Information Today.

Day, Ronald E. 2001. *The modern invention of information: Discourse, history, and power.* Carbondale: Southern Illinois University Press.

_____. 2007. ""A necessity of our time" Suzanne Briet's *"What is documentation?"*" In A *document (re)turn: Contributions from a research field in transition.* Roswitha Skare, Niels W. Lund and Andreas Varheim(eds.). Frankfurt am Main: Peter Lang, pp.312~326.

_____. 2014. *Indexing it all: The subject in the age of documentation, information, and data.* Cambridge, MA: MIT Press.

Dewey, Melvil. 1899. *Decimal classification and relativ index for libraries, clippings, notes, etc.* 6th ed. Boston: Library Bureau.

Egghe, Leo. 2008. "The measures precision, recall, fallout, and miss as a function of the number of retrieved documents and their mutual interrelations." *Information Processing and Management*, 44, pp.856~876.

Fairthorne, Robert A. 1961. *Towards information retrieval.* London: Butterworths.

Feather, John. 2013. *The information society: A study of continuity and change.* London: Facet.

Ferraris, Maurizio. 2013. *Documentality: Why it is necessary to leave traces.* New York: Fordham University Press.

Fleck, Ludwik. 1979. *Genesis and development of a scientific fact.* translated by Frederick Bradley and Thaddeus J. Trenn. Chicago: University of Chicago Press. Translation of *Entwicklung einer wissenschaftlichen Tatsache.* Basel: Schwabe. 1935.

Floridi, Luciano. 2010. *Information: A very short introduction.* Oxford University Press.

Foucault, Michel. 1970. *The order of things: An archaeology of the human sciences*. New York: Vintage Books.

Frohmann, Bernd. 2004. *Deflating information: From science studies to documentation*. Toronto: University of Toronto Press.

Furner, Jonathan. 2004. "Information studies without information." *Library Trends*, 52(3), pp.427~446.

Garrett, Jeffrey. 1999. "Redefining order in the German library, 1755~1825." *Eighteenth-Century Studies*, 33, pp.103~123.

Gleick, James. 2011. *The information: A history, a theory, a flood*. New York: Pantheon Books.

Glushko, Robert J.(ed.). 2013. *The discipline of organizing*. Cambridge, MA: MIT Press.

Hapke, Thomas. 1999. "Wilhelm Ostwald, the "Brücke" (Bridge), and connections to other bibliographic activities at the beginning of the twentieth century." In *Proceedings of the 1998 Conference on the History and Heritage of Science Information Systems*. Mary Ellen Bowden, Trudi Bellardo Hahn, and Robert V. Williams(eds.). Medford, NJ: Information Today, pp.139~147. http://wayback.archive-it.org/2118/20101023161313/http://assets.chemheritage.org/explore/ASIS_documents/ASIS98_Hapke.pdf.

Lakoff, George. 1987. *Women, fire, and dangerous things: What categories reveal about the mind*. Chicago: University of Chicago Press.

LISA Library and Information Science Abstracts. 1969-. [Electronic Resource]. Ann Arbor, MI: ProQuest. http://www.proquest.com/products-services/lisa-set-c.html.

Lund, Niels W. 2009. "Document theory." *Annual Review of Information Science and Technology*, 43, pp.399~432.

Mannheim, Karl. 1936. *Ideology and utopia: An introduction to the sociology of knowledge*. New York: Harcourt, Brace.

Marcia J. Bates(ed.). 2010. *Encyclopedia of library and information sciences*, vols.7. 3rd ed. Boca Raton, FL: CRC Press. http://www.tandfonline.

com/doi/book/10.1081/E-ELIS3.

McGann, Jerome. 1983. *A critique of modern textual criticism*. Chicago: University of Chicago Press.

_____. 2014. *A new republic of letters: Memory and scholarship in the age of digital reproduction*, 19. Cambridge, MA: Harvard University Press.

McKenzie, Donald F. 1999. *Bibliography and the sociology of texts*. Cambridge, UK: Cambridge University Press.

Norton, Melanie J. 2010. *Introductory concepts in information science*. 2nd ed. Medford, NJ: Information Today.

Pettigrew, Karen E., Raya Fidel and Harry Bruce. 2001. "Conceptual frameworks in information behavior." *Annual Review of Information Science and Technology*, 35, pp.43~78.

Petras, Vivien. 2006. "Translating dialects in search: Mapping between specialized languages of discourse and documentary languages." Ph. D. thesis. University of California, Berkeley. http://www.sims.berkeley.edu/~vivienp/diss/vpetras-dissertation2006-official.pdf.

Petras, Vivien, Ray R. Larson and Michael K. Buckland. 2006. "Time period directories: A metadata infrastructure for placing events in temporal and geographic context." In *Opening information horizons*, pp.151~160. Proceedings of the 6th ACM/IEEE-CS Joint Conference on Digital Libraries. New York: Association for Computing Machinery. http://portal.acm.org/citation.cfm?id=1141782.

Plaunt, Christian J. 1997. "A functional model of information retrieval systems." Ph. D. thesis. University of California, Berkeley.

Ranganathan, Shiyali Ramamrita. 1951. *Classification and communication*. Delhi: University of Delhi.

Rubin, Richard E. 2010. *Foundations of library and information science*. 3rd ed. New York: Neal-Schuman.

Suominen, Vesa. 1997. *Filling empty space: A treatise on semiotic structures in information retrieval, in documentation, and in related research*. Acta Universitatis Ouluensis, Series B, Humaniora, 27. Oulu, Finland: Oulu

University Press.

Text Encoding Initiative Consortium. 2009. "Report on XML mark-up of biographical and prosopographical data." http://www.tei-c.org/Activities/Workgroups/PERS/persw02.xml.

Tylor, Edward B. 1871. *Primitive culture*. London: Murray.

Warner, Julian. 2010. *Human information retrieval*. Cambridge, MA: MIT Press.

Webster, Frank. 2014. *Theories of the information society*. 4th ed. London: Routledge.

White, Howard D. 2010. "Relevance in theory." Marcia J. Bates(ed.). In *Encyclopedia of library and information sciences*, Vol.6. 3rd ed. Boca Raton, FL: CRC Press, pp.4498~4511.

Wilson, Patrick. 1968. *Two kinds of power: An essay on bibliographical control*. Berkeley: University of California Press. http://www.ucpress.edu/op.php?isbn=9780520035157.

_____. 1983. *Second-hand knowledge: An inquiry into cognitive authority*. Westport, CT: Greenwood.

Wilson, T. D. 1981. "On user studies and information needs." *Journal of Documentation*, 37(1), pp.3~15.

Wright, Alex. 2014. *Cataloging the world: Paul Otlet and the birth of the information age*. Oxford University Press.

Zerubavel, Eviatar. 1997. *Social mindscapes: An invitation to cognitive sociology*. Cambridge, MA: Harvard University Press.

옮긴이의 글

정보가 현대사회의 바탕을 이루고 있는 만큼 다양한 관련 학문이 있지만, 정보를 유일한 관심 대상으로 삼고 있는 학문은 정보과학이다. 정보과학은 기록된 정보의 조직과 소통의 모든 양상, 정보를 활용하기 위해 필요한 정보와 디지털의 가독성, 이와 관련된 윤리적 쟁점에 관심을 가진다. 저자 마이클 버클랜드는 '광범위하고 종합적인 연구 분야인 정보과학'이라는 전망을 바탕으로 일반인을 대상으로 이 책을 썼는데, 공학의 형식적인 분석에 관련된 정보보다는 실제로 문헌과 데이터에 접촉하는 일상생활의 정보에 더 중점을 두고 있다. 즉, 저자는 인간의 지각, 사회적 행동, 변화하는 과학기술, 신뢰의 문제에 관심을 두고 일상적인 인간 경험에 관련된 정보라는 점에서 우리 생활의 메시지, 기록, 문헌, 인식에 관한 복잡한 다양성에도 관심을 기울인다. 또한 가장 적절한 정보의 의미와 발견에 연계된 어려움, 자료와 문헌을 신뢰해야 할 필요에 관심이 있다. 다시 말해 이 책은 **형식적인** 정보과학이 아니라 문화적인 맥락을 바탕으로 한 **실질적인** 정보과학 입문서라고 할 수 있다.

저자는 우리가 흔히 접하는 일상의 사례를 통해 정보와 사회를 생생하게 그려준다. 정보사회의 전형을 보여주는 '여권', 문헌의 형태 변화와 다양한 문헌 사용 동기를 보여주는 '주블린의 편지', 문헌의 배치와 서술을 보여주는 '동전' 등의 사례를 편안하게 따라가다 보면 정보사회의 모습이 분명하게 드러날 것이다.

1장에서는 사회의 분업을 가능하게 하고 많은 다양한 의제를 진전시키는 문헌의 만연한 역할을 제시하며 이어지는 장에서는 정보에 대처하는 방법에 관한 분석뿐만 아니라 여러 종류의 데이터, 문헌, 기록의 범람과 그 사용 방식에 대해서도 주목한다.

2장 '문헌과 증거'에서는 정보라는 단어의 서로 다른 의미를 검토하고, 문헌과 데이터의 극적인 장기적 성장("정보 폭발")을 개괄하며 조직, 발견, 이용을 다루는 기술과 계획의 부상에 주목한다.

3장 '개인과 공동체'에서는 개인이 정보와 관련해서 무엇을 하는지, 공동체는 무엇을 알고 있는지, 문화의 중심적인 역할은 무엇인지, 정보에는 어떻게 항상 물리적·정신적·사회적 측면이 있는지 탐구한다.

4장 '조직하기: 배치와 서술'은 수집된 정보가 배치·서술되어 필요할 때 사본을 식별하고 발견할 수 있도록 해주는 방법의 개요이다.

5장 '명명하기'에서는 서술의 본질과 복잡함에 대해 고려한다.

6장 '메타데이터'에서는 문헌에 대한 서술의 방법이 두 가지 목적으로 사용된다는 점을 논의하는데, 문헌을 특징짓는 것과 색인을 통해 우리가 원하는 바를 찾는 것이다.

7장 '발견과 선택'에서는 알고 있는 문헌을 찾고 이전에는 알려지지 않았지만 관심을 가질 만한 문헌을 식별하는 더 어려운 과업을 위해 조회queries와 메타데이터의 매칭matching에 대해 소개한다.

8장 '선택 방법의 평가'에서는 선택 방법의 표준적인 평가에 대해 설명하고 적합성의 문제점을 인정한다.

9장 '요약과 성찰'에서는 이전 장들의 요점을 반복하고 사회의 정보를 어떻게 이해해야 하는지에 대해 몇몇 시사점을 고려한다.

이 책은 정보적으로 체화된 유기체인 우리 "인포르그inforgs"에게, 우리와 우리를 품고 있는 정보적 환경인 "인포스피어infosphere"에 대해 깊고, 넓은 통찰을 제시한다. 일독을 권한다.

지은이

마이클 버클랜드(Michael Buckland)

버클리 캘리포니아대학교의 정보학부 명예교수이며, 동 대학교 전
자문화지도구상(Electronic Cultural Atlas Initiative) 공동 책임자이
다. 주요 저서로는 *Library Services in Theory and Context*(1983),
Information and Information Systems(1991), *Redesigning Library
Services*(1992)〔한국에서는 『도서관 서비스의 재구성』으로 출간(1998)〕,
Emanuel Goldberg and His Knowledge Machine(2006) 등이 있다.

옮긴이

박삼주

서울대학교 경제학과를 졸업하고, 한국GM 경영관리 담당 임원으로
재직했다. 주요 역서로는 『믿음 해체하기』(2017), 『글로벌 트렌드
2035: 진보의 역설』(2017, 공역), 『만리장성과 월스트리트』(근간)
등이 있다.

MIT 지식 스펙트럼

정보와 사회

지은이 **마이클 버클랜드** ㅣ 옮긴이 **박삼주** ㅣ 펴낸이 **김종수** ㅣ 펴낸곳 **한울엠플러스(주)** ㅣ 편집 **조인순**

초판 1쇄 인쇄 **2018년 10월 1일** ㅣ 초판 1쇄 발행 **2018년 10월 5일**

주소 **10881 경기도 파주시 광인사길 153 한울시소빌딩 3층**
전화 **031-955-0655** ㅣ 팩스 **031-955-0656**
홈페이지 **www.hanulmplus.kr** ㅣ 등록번호 **제406-2015-000143호**

Printed in Korea.
ISBN 978-89-460-6550-5 03020 (양장)
　　　978-89-460-6551-2 03020 (반양장)
* 책값은 겉표지에 표시되어 있습니다.